JN083732

[Windows7] PCの使い方

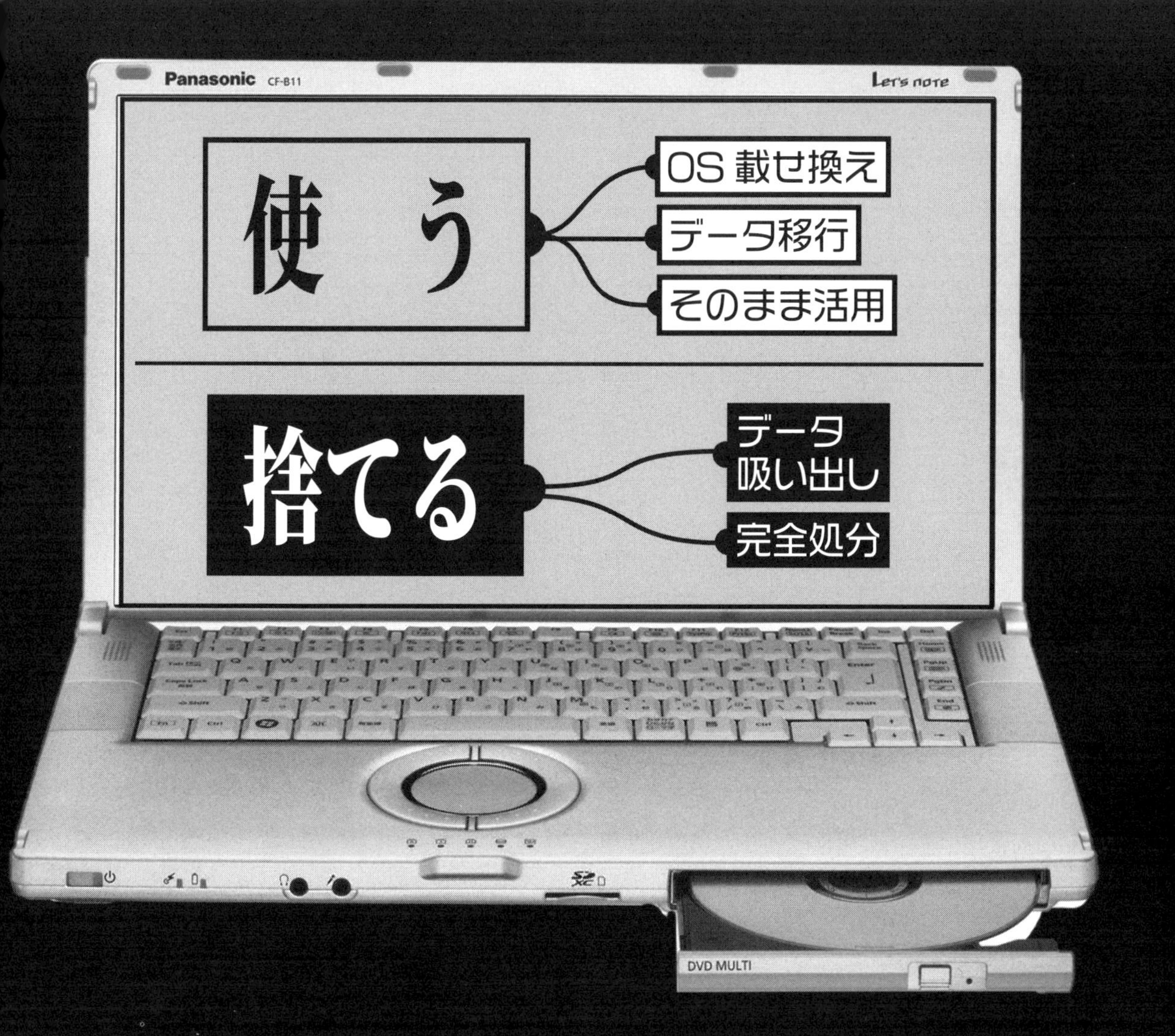

Windows7 のサポートは終了しました！

Microsoft

Your Windows 7 PC is out of support

As of January 14, 2020, support for Windows 7 has come to an end. Your PC is more vulnerable to viruses and malware due to:

- No security updates
- No software updates
- No tech support

Microsoft strongly recommends using Windows 10 on a new PC for the latest security features and protection against malicious software.

Learn more　Remind me later

Don't remind me again

Windows7を起動すると……

2020 年 1 月 14 日、「Windows7」の延長サポートが終了し、一般ユーザー向けのサポートはすべて終了した旨の告知が出されました。
ここでは、「サポート終了」とは何か、また、いま現在、「Windows7 PC」を使っている人はどうすればいいのか……などを、解説しています。

安定した人気で惜しまれた「XP」と「Windows7」の終了

「Windows7」のサポートが終了しましたが、サポート終了直前には、全世界で 1400 万以上のユーザーが「Windows7」を利用していたそうです。それくらい、優等生の Windows でした。

2009 年に登場し、思いのほか優秀だった「Windows7」は、それ以前の人気 OS の「XP」にも負けない安定した OS として人気があり、定着していました。

「Windows7」を利用してきた PC は、「現役を退いて破棄」されたり、「Windows10 にアップグレード」されたり、「Linux などの OS をインストール」されたりして、新たな PC として生まれ変わることでしょう。

「Windows7 PC」の使い方

本書の**1章**では、「Windows7 サポート終了」とはどういうことかを解説しています。

「Windows7」搭載 PC は、まったく使えなくなるわけではありませんが、そのまま使い続けることは非常にリスクを伴います。

＊

これまで頑張って働いてきた「Windows7 PC」の身の振り方は、以下の 3 つが考えられます。これらの手順は、**2章**、**3章**で解説しました。

①完全処分…………	HDD から大事なデータを吸い出し、ハードはリサイクルで回収してもらう。
② OS 載せ替え ……	「Windows10」や「Linux」などをインストールして、新たな PC として再出発。
③そのまま使う………	覚悟を決めて、危険を回避しながら「Windows7 PC」をそのまま利用。

①完全処分

新しい「Windows10 PC」を購入して、古い「Windows7 PC」は処分します。

中古ショップやオークションにもっていけない低スペックなものであれば、有料になりますが、リサイクルで回収することになります。「粗大ゴミ」などには捨てられません。

ただ、処分する前に、HDD のデータ（個人情報や写真など）は、吸い出しておく必要があります。

② OS の載せ替え

Windows10 にアップグレードするにしろ、Linux に入れ替えるにしろ、ある程度の知識と手順を覚える必要があります。

現在の PC のデータをバックアップしたり、移行のための手順も知っておく必要があります。

③そのまま使う

簡単そうな「Windows7 のまま使う」ですが、ネットを使いながらセキュリティを強化して危険を回避する必要があります。

実は、いちばん知識が必要で、難しい手順を覚える必要があります。

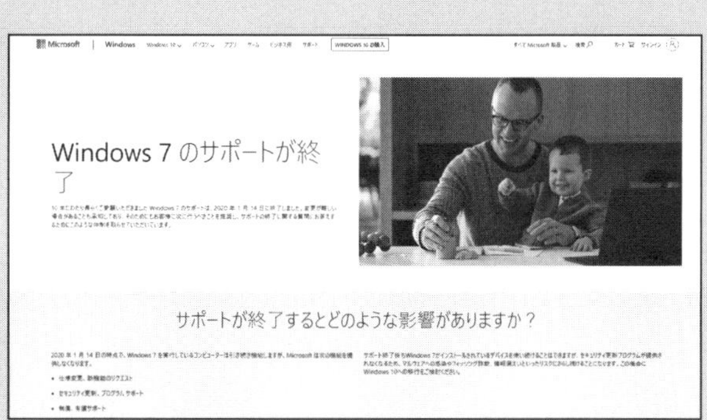

マイクロソフトのホームページでは、「Windows7終了」のお知らせが掲載されている

[Windows7] PCの使い方

CONTENTS

第1章

「Windows7」のサポートが終わる！

2020年1月14日に延長サポートの終了を迎えた「Windows7」。
サポートが終了すると、何が起こるのでしょうか。
そもそも「サポート終了」とは、どういうことなのでしょうか。
1章ではそのあたりを見ていきます。

Windows 7 のサポートが終了

10 年にわたり長らくご愛顧いただきました Windows 7 のサポートは、2020 年 1 月 14 日に終了しました。

1-1

「Windows7サポート終了」って、つまりどういうこと？

この節では、「サポート終了の意味」と「新たなOSへの乗換の必要性」について報告します。

著者■(株)スマイルモーション
サイト名●「所長ブログ」
URL●http://www.smilemotion.co.jp/s-blog/所長ブログ/

■2020年1月14日で「サポート終了」となった「Windows7」

長年慣れ親しんだ「Windows7」ですが、「Microsoft」からのサポートが今年(2020年)1月早々に完全終了しました。

振り返ると、「Windows7」というパソコンOSは、大きな問題点もなく、本来のOSの姿である「安定したソフトウェア」として優等生なOSであったと感じます。

そのためか、かつて「WindowsXP」がそうであったように、ユーザーが「なぜ、問題なく動いている目の前のPCを買い換え、環境の再構築をしなければならないのか」と、理不尽な思いを感じるのは、いたし方ないと思います。

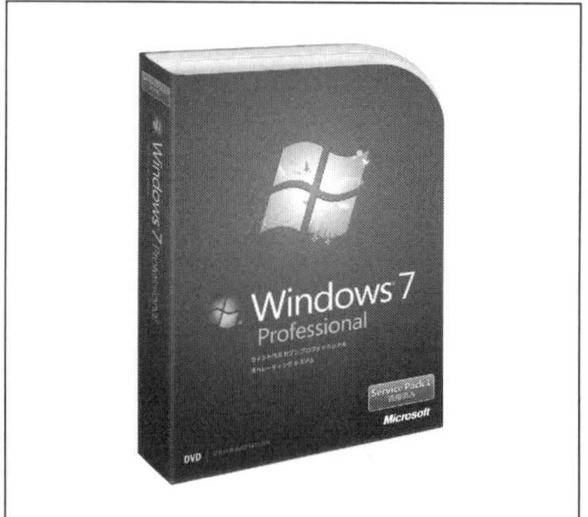

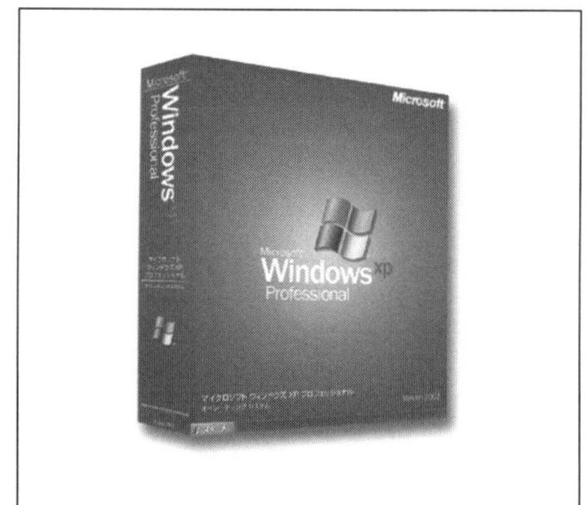

図1-1-1　「Windows7」(左)と「WindowsXP」(右)

■そもそも「サポート終了」とはどういうことか

「サポート」と聞くと、たとえば、「操作上の疑問点」や「不具合の改善」の手助けを想像しがちです。

実際、「Microsoft」も一般の利用者からの「問い合わせサイト」や「サポートデスク」などは設置していますが、「利用した」という話はあまり聞いたことがありません。

「電話がかかり辛い」「パソコン用語に自信がない」など、二の足を踏んでいる方も多いのではないでしょうか。

＊

そこで私のお勧めは、「チャットによる質問や相談」です。

「チャット」とは、「LINE」のように「キーボード」から「Micorsoft」の担当の方と1対1の文字のやりとりで質疑を進めていく方法です。

比較的待ち時間が少なく、本当に丁寧に辛抱強く対応してもらえます。

さらに、相談の進行具合によっては、電話に切り替える場合もあります。

ただし、これらは、製品のサポート期間内に限られます。

▼マイクロソフトの「電話サポート」は、「パッケージ版」のみに無償で付与されていたサービス。「OEM版」「DSP版」は販売元がサポート先となる。

図1-1-2　「Microsoftサポート」への問い合わせページ

「Microsoft」のサポートの主な目的は、次のような「Windowsアップデート」による、OSそのものの機能アップや機能改善です。

(1)新機能の追加
(2)脆弱性の改善
(3)脆弱性以外の改善

■「Windows」の「サポート・ライフサイクル日程」

「Windows」の「サポート・ライフサイクル日程」
https://www.microsoft.com/ja-jp/atlife/article-windows10-portal-eos.aspxより

OS （下段はサポート開始日）	メインストリーム・サポート終了	サービスパック・サポート終了	延長サポート終了
Windows 7 2009年10月22日	2015年1月13日	2013年4月9日	2020年１月14日
Windows 8 2012年10月30日		2016年1月12日	
Windows 8.1 2013年11月13日	2018年1月9日		2023年1月10日

「サービスパック・サポート」とは、OSの比較的大きな変更をひとまとめにして行なう機能改善や修復です。

「Windows7」では過去に一度だけ行なわれました。

それまでのOSと明確に区別され、標記としては「ServicePack1」または「SP1」とされます。

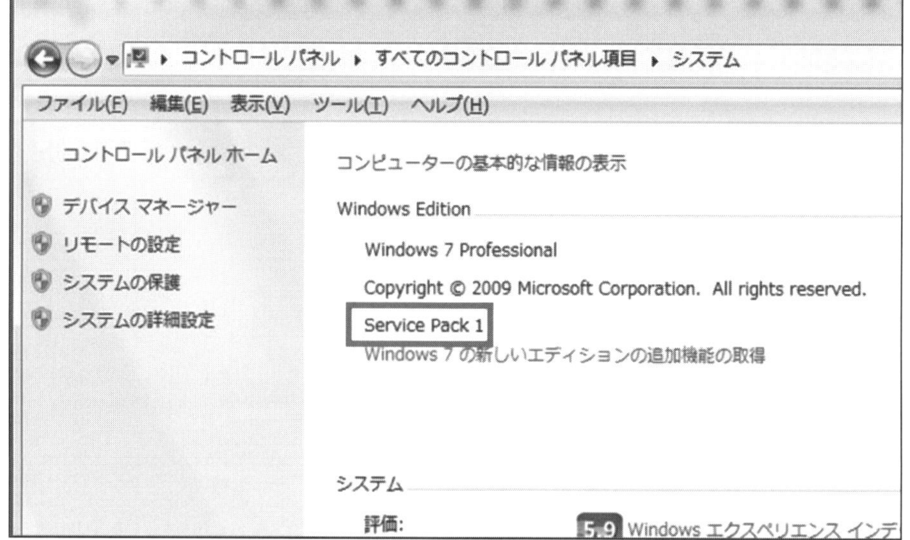

図1-1-3　「ServicePack1」と表示された「サービスパック・サポート」後のOS

▼「WindowsXP」の前には「WindowsMe」、「Windows7」の前には「WindowsVista」という、短命のOSが存在したのも似ている。

> 弊社（スマイルモーション）のお客様でこの「サービスパック・サポート」の期限をすぎるまで「SP1」に移行しなかったPCは、新しい周辺機器に対応されないため、同じ「Windows7」でありながら廃棄されました…

「サービスパック」も、後戻りできない無償の「新OSバージョンアップ」といってもいいでしょう。

■「Windows10」への乗り換えは必須

2019年11月時点で「Microsoft」は、コンシューマ向けOSだけでも「Windows7」「Windows8.1」「Windows10」と、3つのOSの対応を、延長サポートを含めて行なっていました。

・以前とは比べられないほどの早さで変化する「ユーザーニーズ」、
・次々と登場する新しい「デバイス」や「アーキテクチャ」、
そして、発見される「脆弱性」を、それぞれのOSでカバーするのは、「Microsft」にとってもかなり負担だったでしょう。

残念ながら、ユーザーとしての私たちは、新しい周辺機器や機能のためだけでなく、個人情報満載のPCを「乗っ取り」などから保護するためにも、「Windows10」への乗り換えは必然と言えると思います。

また、これまでのOSと比較して起動や終了が画期的に速くなり、併せて「ハードディスク」から「SSD」への換装で格段に使いやすくなった「Windows10マシン」へのアップグレードや乗り換えは、かなりお勧めです。

もちろん、「Windows7」のサポート終了日以降に突然「Windows7マシン」が起動できなくなるわけではありません。

おそらくサポート終了前と同様に、別の問題が発生していなければ、いつもどおり起動し、いつもどおり使えるとは思います。

しかし、大きなリスクを認識し、個々のPCの今後の在り方や新OSへの移行方針を早急に決定したほうがいいようです。

1-2

サポートが終了すると何が困る？

今節では、サポート終了に伴う問題について、解説していきます。

著者■(有)エヌシステム
サイト名●「パソコン修理のエヌシステムBLOG」
URL●https://pc-pier.com/blog/2019/06/11/end-of-windows7/

■サポート終了で何が困るのか

「Microsoft公式サポート」が終了するということは、大雑把に言えば、サポート終了日(2020年1月14日)から後に発生したWindowsのシステム上の問題については、マイクロソフトは何もしてくれないということです。

「Windows OS」(オペレーティング・システム:PCを動作させている基本のシステムソフトウェア)は、通常であれば使っている間にどんどん新しい状態に更新(アップデート)されていきます。

基本的にはPC購入時やOSインストール時からずっと、「自動更新」が有効の状態になっているはずなので、パソコンをシャットダウンするたびに自動更新が行なわれていると思います。

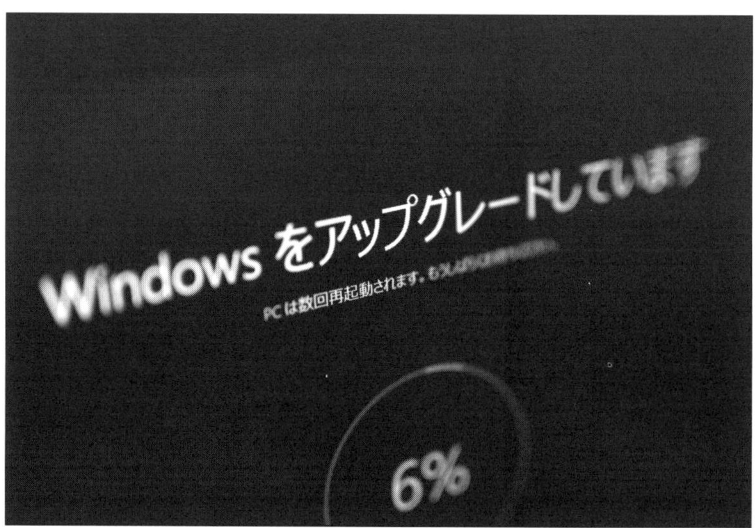

図1-2-1　自動更新される「Windows」

「Windows update」というメニューから手動で更新することもできます。

なぜ、更新が必要なのでしょうか。

それは「Windows7」がリリースされた当時は最新でありベストの状態であっても、実際に使っているうちに今まで気づかなかったバグが発見されたり、年月を経てPCや「Windows」を取り巻く環境が変わったりしていくためです。

最近で言えば元号が新たに『令和』になったため、Excelなどで「2019年」を「令和1年」に変換するためのプログラムが自動アップデートされました。

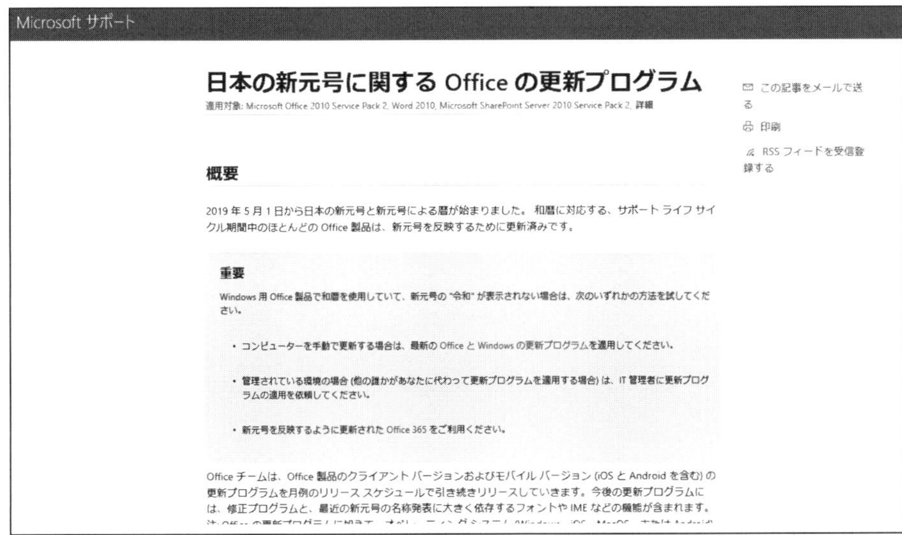
Microsoft サポート

日本の新元号に関する Office の更新プログラム

適用対象: Microsoft Office 2010 Service Pack 2, Word 2010, Microsoft SharePoint Server 2010 Service Pack 2, 詳細

この記事をメールで送る
印刷
RSS フィードを受信登録する

概要

2019 年 5 月 1 日から日本の新元号と新元号による暦が始まりました。 和暦に対応する、サポート ライフ サイクル期間中のほとんどの Office 製品は、新元号を反映するために更新済みです。

重要

Windows 用 Office 製品で和暦を使用していて、新元号の "令和" が表示されない場合は、次のいずれかの方法を試してください。

- コンピューターを手動で更新する場合は、最新の Office と Windows の更新プログラムを適用してください。
- 管理されている環境の場合 (他の誰かがあなたに代わって更新プログラムを適用する場合) は、IT 管理者に更新プログラムの適用を依頼してください。
- 新元号を反映するように更新された Office 365 をご利用ください。

Office チームは、Office 製品のクライアント バージョンおよびモバイル バージョン (iOS と Android を含む) の更新プログラムを月例のリリース スケジュールで引き続きリリースしていきます。今後の更新プログラムには、修正プログラムと、最近の新元号の名称発表に大きく依存するフォントや IME などの機能が含まれます。

図1-2-2　元号の変更に伴う「Officeソフト」のアップデートのお知らせ

困ったバグが見つかり、今までは存在しなかったプログラムが作られ、最新の技術を搭載した部品や動作環境になり、新しい「コンピュータ・ウィルス」が増えていく。

それらを無視したままでは、さまざまな問題が発生し、最悪の場合には、動作そのものが危うくなります。

これは、OSだけでなくいろいろな「ソフトウェア」でも同じことが言えます。
たとえば、「税務会計」などのソフトウェアは、消費税の変更に伴って、(a)「新しいものに買い替える」か、(b)「プログラムを組み直す」必要が出てきます。

このように、変わっていく環境や条件に対してその都度ソフトウェアを進化させていくというのはとても大切なことです。

そのため、OSの更新内容として、

①セキュリティの脆弱性に対する対策
②バグ(エラー)の修正
③新しい技術に対応したプログラムの追加

などが存在します。

「Windows7」のサポートが終了すると、これらがほぼ更新されなくなる上に、サポートに問い合わせても対応してくれなくなります。

そのため、新しいセキュリティ上の問題が見つかってもそのままだし、最新のソフトをインストールしようとしたら上手く動かない…というような困った状態になる可能性があります。

特にサポートが終了してからしばらくは、悪い人たちが「ヒャッハー！今ならあいつらの防御はガラ空きだぜ！」と、新しく見つけたセキュリティの穴を狙い撃ちするウィルスをバラまくことがあります。

インターネットに接続していて、機密性の高い内容を扱っている業務用のPCではできるだけ早めに「Windows10」にアップグレードするか、「Windows10」が入ったPCに買い替えを検討してください。

1-3

「Windowsダウングレード権」には期限がある?

「Windows Pro」以上のエディションには「ダウングレード権」が付帯されていて、この権利を行使することで過去のバージョンの「Windows」が使えます。ただし、「Windows 8.1」以前と「Windows 10」では「ダウングレード権」の条項が変更されており、注意が必要です。

著者■(株)松浦電弘社
サイト名●「mds tech blog」
URL●https://tech.m-denkosha.co.jp/2018/05/windows10_downgrade_timelimit/

■「Windows 10」からダウングレードされたOSを使用できる期限

実は、「Windows10」の「ダウングレード権」の行使には期限があります。

> 7. ダウングレード権
> お客様は、製造業者またはインストール業者からWindowsのProfessionalバージョンがプレインストールされているデバイスを取得した場合、Windows8.1ProまたはWindows7Professionalバージョンを使用できますが、マイクロソフトが、(aka.ms/windowslifecycle)に規定されているとおり、かかる旧バージョンのサポートを提供している期間に限ります。
>
> https://www.microsoft.com/en-us/Useterms/Retail/Windows/10/Useterms_Retail_Windows_10_Japanese.html

ダウングレードした過去のバージョンの「Windows」を使えるのは、その過去のバージョンのサポート期間内に限ります。

サポート期間終了後は「セキュリティ更新」が提供されないため危険な状態となるのはもちろんですが、「ダウングレード権」そのものがなくなってしまうので過去のバージョンを使えません。

セキュリティ上危険、かつ「ライセンス」にも違反した状態となってしまいます。

▼「ダウングレード権」の行使は、動作保証がされず、サポートも受けられなくなるので、知識があるユーザーが自己責任において行なう必要がある。

■2020年1月14日以降、「Windows7」を使う権利が失われる

「Windows10」からのダウングレードで「Windows7」を使っている場合、「Windows7」の延長サポートが終了した2020年1月14日以降は「ダウングレード権」を行使できません。

つまり、「Windows7」を使う権利が失われます。

そのため、サポート期間終了後はダウングレード前の「Windows10」へ戻さなければなりません。

もし「Windows7」を使い続けたければ、(A)新品で購入するか、(B)「ボリュームライセンス契約」が必要となります。

マイクロソフト ボリューム ライセンス製品条項の説明

はじめに

概要

マイクロソフトはビジネスに役立つ製品を数多く開発しています。そのため、特定の製品に対してどのようなライセンス オプションが用意されているのかを把握するのは容易なことではありません。このガイドは、マイクロソフト ボリューム ライセンス プログラムを通じて提供されるマイクロソフト製品のライセンスのしくみを理解するためにご利用いただけます。

ここでは、ライセンスの基本事項の紹介と共に、製品に対して複数のライセンス モデルが用意されている理由についても解説します。各ライセンス モデルの詳細については、マイクロソフト製品条項を参照してください。製品条項はマイクロソフト ボリューム ライセンス契約に含まれる重要な法的文書の 1 つですが、その内容を短時間で完全に理解するのは困難です。そこで、さまざまなテクノロジ ソリューションを導入する実際の場面を想定して、マイクロソフトのライセンス モデルの適用方法を紹介するわかりやすいライセンス ストーリーをご用意しました。中小企業の IT 担当者が、社内 IT 戦略の実現に必要なマイクロソフトの製品やサービスのライセンスを適切に取得する方法を探っていきたいと思います。

このガイドの使用について

このガイドに含まれる顧客シナリオは、マイクロソフト ボリューム ライセンス プログラムを通じてマイクロソフト製品のライセンスを取得するために使用するモデルおよびルールを理解することを目的に用意されたものであり、マイクロソフトの製品やサービスを選択していただくことを目的としたものではありません。このガイドでは、具体的でわかりやすい例を提示します。ライセンスの概念を理解しやすいように、製品名は簡略化しています。組織に最適なテクノロジ ソリューションについてアドバイスが必要な場合、または特定の製品やシナリオのライセンス要件が不明な場合は、マイクロソフトの販売代理店、マイクロソフト アカウント チーム、またはお近くのライセンス サポート担当者までお問い合わせください。お住まいの地域のマイクロソフト ボリューム ライセンスの情報については、マイクロソフト ボリューム ライセンスの各国サイト (www.microsoft.com/ja-jp/licensing/worldwide.aspx) でご確認いただけます。

このガイドは、マイクロソフトのライセンス製品の使用権に関するいかなる法的文書にも優先するものではなく、また、その内容に代わるものでもありません。特定の製品のライセンス条項については、マイクロソフト ボリューム ライセンス Web サイトの製品条項 (www.microsoft.com/ja-jp/licensing/product-licensing/products.aspx) を参照してください。

主な用語と略語

CAL (Client Access License): サーバー上で実行中のソフトウェアへのアクセスを許可するクライアント アクセス ライセンス

図1-3-1 「Microsoft」ボリュームライセンス製品条項

「Windows 7」はすでに出荷が終了しており、流通在庫を探すしかありません。

数が多い場合は、「ボリュームライセンス契約」をすることになるでしょう。

■「Windows 8.1」以前からダウングレードした場合は？

「Windows 10」の「ライセンス条項」にはダウングレードの期間が定められています。

しかし、「Windows 8.1」以前の「ライセンス条項」にはダウングレードの期間は定められていないようです。

つまり、「Windows8.1」(Windows8)からのダウングレードで「Windows7」を使っている場合は、「Windows7」の延長サポート終了後も引き続き「Windows7」を使う権利があります。

もちろん「セキュリティ更新」が提供されないため、非推奨・自己責任となります。

■余談

「Windows 10」は約半年ごとに大型アップデートが配信されています。

実は、これらの大型アップデートには個別にサポート期間が設定されています。

「Windowsライフサイクル」の「ファクト・シート」
https://support.microsoft.com/ja-jp/help/13853/windows-lifecycle-fact-sheet

エディション	3月の機能更新プログラム	9月の機能更新プログラム
Windows 10 Enterprise Windows 10 Education	リリース日から18か月間サポートされます	リリース日から30か月間サポートされます
Windows 10 Pro Windows 10 Pro Education Windows 10 Pro for Workstations Windows 10 Home	リリース日から18か月間サポートされますが、ユーザーの設定によっては、最新の機能更新プログラムが利用可能になったとき、自動的にデバイスにインストールされる場合があります。	リリース日から18か月間サポートされますが、ユーザーの設定によっては、最新の機能更新プログラムが利用可能になったとき、自動的にデバイスにインストールされる場合があります。

大型アップデートを一切インストールしていないちばん初めのバージョンの「Windows 10」の場合、2017年5月9日で、すでにサポートが終了しています。

各大型アップデートのサポート期間はおよそ1年半です。
そのため、1年に一度くらいは大型アップデートをインストールする必要があります。

【補足】「ダウングレード権」とは何か

「ダウングレード権」とは、購入した最新バージョンの「ソフトウェア」を、あえて古いバージョンの「ソフトウェア」に入れ替えて使う権利のことです。
最新版よりも、「格」(グレード)が劣る(ダウンした)製品を使うので、「ダウングレード」と言います。
たとえば、「Windows 7」では、**図1-3-2**のように「Windows Vista」や「Windows XP」にダウングレードできました。

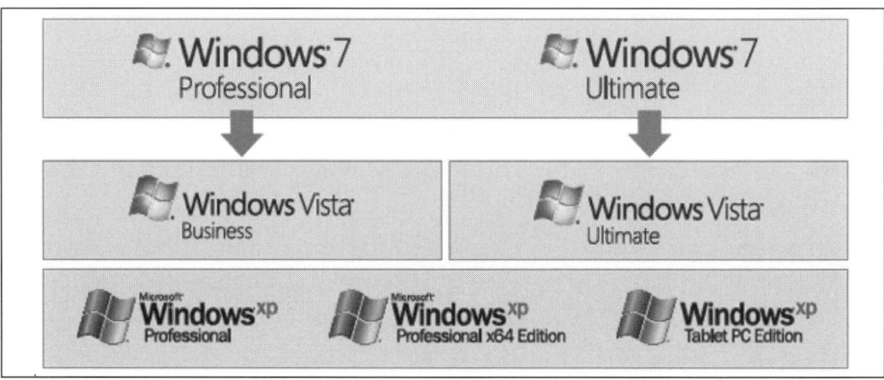

図1-3-2　ダウングレード可能なOS（「Windows 7」の場合）

普通、ソフトウェアは、最新版のほうが古いものよりも優れているものです。

しかし、

(1) 現在使っている端末や周辺機器と最新版のソフトウェアの間に互換性がなく、最新版にすると機器が使えなくなってしまう。
(2) 古いバージョンでしか使えない機能がある。

などのように、あえて古いバージョンを使わなければならない場合があります。
そういったときに役に立つのが、「**ダウングレード権**」です。

＊

「**ダウングレード権**」を使うと、新しく購入した「Windows 10」インストール済みのPCに「Windows 8.1」を入れ直して使う、といったことができるようになります。

「Windows」のOSの場合、「ダウングレード権」が付与されているのは、前述のとおり「Professional」以上の製品です。
ダウングレード先として選べるのは、基本的には「プロ・エディション」のみ（「ホーム・エディション」へは不可。詳細は**図1-3-2**を確認してください）。
また、同一言語のOSのみとなっています。

▼「Windows Vista」は、「Windows Vista Business」が「Windows Pro」相当で「ダウングレード権」があった。
しかし、上位の「Windows Vista Ultimate」はコンシューマ製品扱いだったので、「ダウングレード権」が付与されていなかった。

「ダウングレード権」は「Windows」単体で売られている「パッケージ版」には付与されていません。
「OEM版」（「Windows OS」をPCにインストールした状態で売る販売形態）か、一部の「DSP版」（「Windows OS」とPCのパーツを併せて売る販売形態）のみとなります。
製品自体に付与されている権利なので、「ダウングレード権」だけを入手することもできません。

どの製品がどれくらい前のバージョンまでダウングレードできるかは、その製品の「ライセンス条項」に記載されています。

ダウングレード先のバージョン	Windows 10 Pro(OEMプレインストール版)	Windows 10 Pro(ボリューム ライセンス)	Windows 10 Enterprise(ボリューム ライセンス)	Windows 10 Education(ボリューム ライセンス)
Windows 8/8.1 Enterprise			●	●
Windows 8.1 Pro	●	●	●	●
Windows 7 Enterprise			●	●
Windows 7 Professional	●	●	●	●
Windows Vista Enterprise			●	●
Windows Vista Business		●	●	●
Windows XP Pro		●	●	●
Windows 2000 Professional		●	●	●

図1-3-3 「Windows 10」のダウングレード先

ダウングレードの際には、ダウングレードしたいバージョンのOSのメディア(インストール用のDVDなど)と「ライセンス・キー」が必要です。

しかし、「ダウングレード権」で認められているのは、あくまでも「ダウングレードする権利」です。

よって、ダウングレードに使うインストール用メディアは自前で用意する必要があります。

また、ダウングレードすると「ユーザーアカウント」、「ネットワーク」などの設定やデータがすべて消えてしまいます。

ダウングレードする前にしっかりバックアップを取っておくのを忘れないようにしましょう。

▼ダウングレードするときの「インストール・メディア」は、通常のインストール・メディアであれば、古いOSのライセンスの有無や販売形態(DSP版、OEM版など)に関係なく利用できる。

*

なお、ダウングレードすると、サポートは一切受けられなくなります。

ダウングレードは自己責任で行なう必要があります。

1-4

Windows10にする「メリット」と「デメリット」

この節では、アップデートによる「メリット」や「デメリット」について、紹介していきます。
また、なぜそこまでして、ユーザーに「Windows10」を利用してもらいたいのか、推測される「Microsoft」の思惑についてもご紹介していきます。

著者■工数管理システム「イノピーエム」
サイト名●「ノウハウblog」
URL●https://www.innopm.com/blog/2016/06/24/106347/

■アップグレードの「メリット」「デメリット」を考える

「Windows10」に自動でアップデートされてしまった、などというニュースが世間を賑わせています。

本来、OSのアップデートというものは、ユーザーの判断でなされるべきものだと考えられてきました。
しかし、今回はユーザーが特に何もしなければ、自動でOSがアップデートされてしまうという事案が発生していました。
そのあたりの実情にも迫りつつ、解説していきます。

■「Windows10」へのアップグレードによるメリット

●「Microsoft」のサポートを受けられる期間が延びる

「Windows10」にアップグレードすることによるメリットはいろいろあります。
その中でも最大のメリットは、サポート期限の問題を解消できるという点でしょう。

「Windows8」とともに主流のOSである「Windows7」はすでにメインサポートが終了しており、延長サポートも2020年1月で終了しました。
「Windows XP」のようにサポート期限が切れたOSでも、使えないことはありません。
しかし、ネットセキュリティの観点からすると、それは危険な行為と言えます。

そのため、「Windows7」は2020年1月を過ぎると、実質的に使えなくなってしまいます。
パソコンを5年、10年と使い続ける場合、「Windows7」のままでは不都合があります。

この不都合を解消してくれるのが、「Windows10」へのアップグレードです。

かつては、「CPU」や「メモリ搭載量」など、パソコンの中身がどんどん進化していました。

つまり、より性能のいいパソコンを安く買うことができたので、旧式のパソコンを使い続けるメリットはあまりありませんでした。

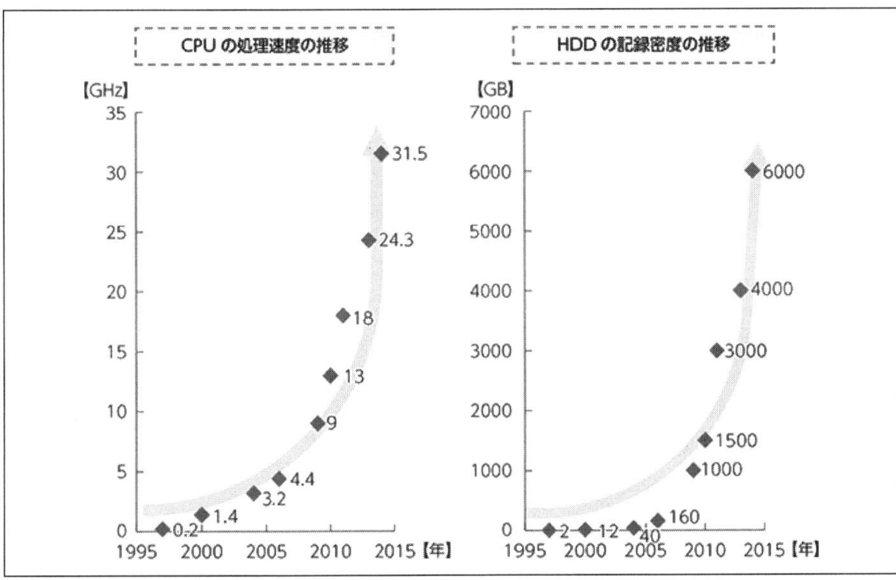

図1-4-1　2015年までの「CPU」の処理速度と「HDD」の記録密度の推移

ですが、ここ最近はパソコンの進化のスピードが、以前ほど速くありません。

なので、無理をして少し性能が上がった新型パソコンに買い替えるよりも、旧式のパソコンを使い続けたほうが、コストパフォーマンス的に良いケースが増えてきました。

しかし、旧式のパソコンを使い続けるためには、OSのサポート期限問題をクリアする必要があります。

「Windows10」にアップグレードすることで、OSのサポート期限問題を解決し、旧式のパソコン寿命を伸ばすことができます。

それが、OSを「Windows10」にアップグレードすることで得られる、最大のメリットと言えます。

●「仮想デスクトップ機能」を利用できる

ほかにも、「Windows10」にアップグレードすることで得られるメリットはあります。

それは、アップグレードによって「仮想デスクトップ機能」が使えるようになるということです。

この「仮想デスクトップ機能」とは、簡単に言うと、デスクトップを増やす機能のことです。

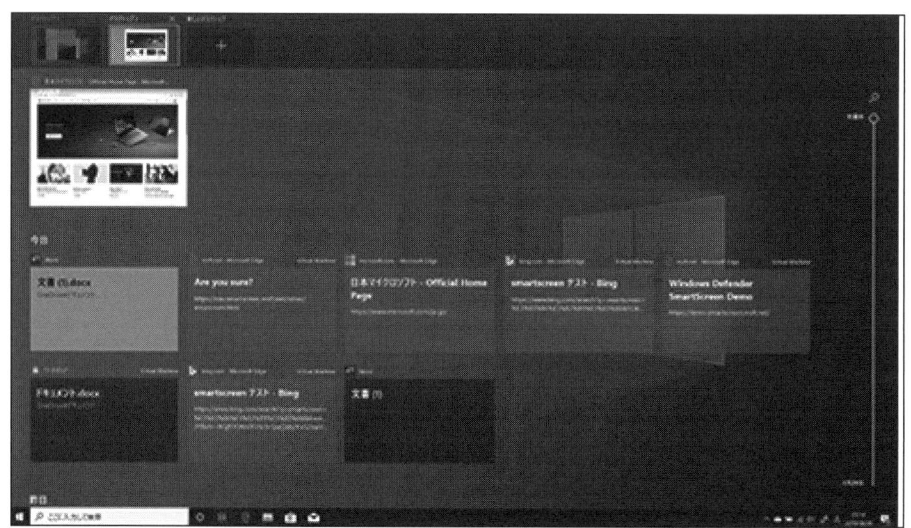

図1-4-2　「仮想デスクトップ機能」使用画面

今までは、パソコン1台につき、デスクトップは1つしか使えませんでした。

しかし、「Windows10」では、デスクトップを切り替えることで、複数のデスクトップを同時に展開できるようになりました。

今までは、1つのデスクトップで「ゲームアプリ」を開いたり、ネットでサイトを開いたり、エクセルを使って計算したり、ということをしていました。

しかし、この仮想デスクトップ機能を使うことによって、それをいくつものデスクトップに振り分けることができるようになります。

この場合、「デスクトップA」を使ってゲームをしながらサイトを見て、「デスクトップB」を使ってエクセルで計算する、といったことができるようになります。

その結果、その時点での作業に関係ないアプリを別のデスクトップに表示できるので、作業ミスが起こりにくくなるでしょう。

これも、「Windows10」にアップグレードすることで得られるメリットの1つと言えます。

ほかにも、新ブラウザである「Edge」や、不思議な「アシスタント・プログラム」である「Cortana」など、さまざまなプログラムが使えるようになる、というメリットがあります。

図1-4-3　「MicrosoftEdge」

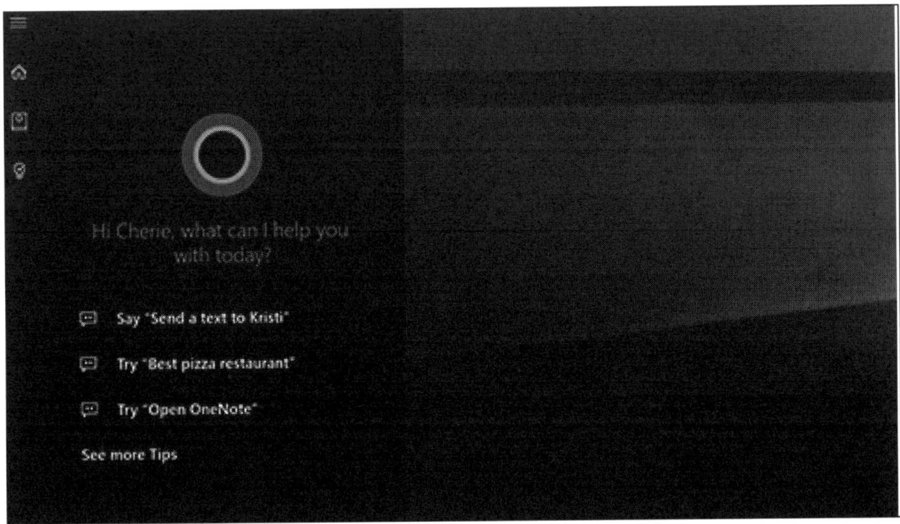

図1-4-4　「Cortana」

■「Windows10」へのアップグレードによるデメリット

●ソフトやプログラムの一部が使えなくなる

デメリットの中でも最大のものは、今まで利用できていたソフトやプログラムの一部が使えなくなることです。

当たり前の話ですが、過去に出たソフトやプログラムは「Windows7」や「Windows8」に対応していても、「Windows10」には対応していません。

そのソフトやプログラムが作られた時代に「Windows10」は存在していなかったので、それは当然のことです。

「Windows10」も「Windows7」や「8」も、同じ「Windows」系列のソフトです。

そのため、「7」や「8」で使えていたソフトが「10」になるとまったく使えなくなるということはありません。

しかし、使っているソフトやプログラムのうち、いくつかは使えなくなると思っておいたほうがいいでしょう。

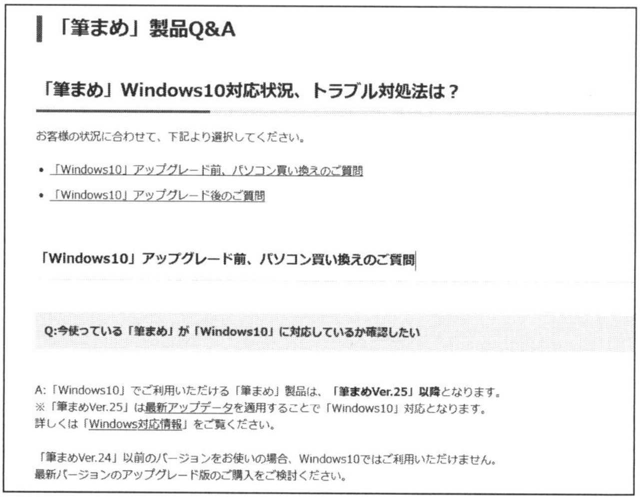

「筆まめ」製品Q&A

「筆まめ」Windows10対応状況、トラブル対処法は？

お客様の状況に合わせて、下記より選択してください。

- 「Windows10」アップグレード前、パソコン買い換えのご質問
- 「Windows10」アップグレード後のご質問

「Windows10」アップグレード前、パソコン買い換えのご質問

Q:今使っている「筆まめ」が「Windows10」に対応しているか確認したい

A:「Windows10」でご利用いただける「筆まめ」製品は、「筆まめVer.25」以降となります。
※「筆まめVer.25」は最新アップデータを適用することで「Windows10」対応となります。
詳しくは「Windows対応情報」をご覧ください。

「筆まめVer.24」以前のバージョンをお使いの場合、Windows10ではご利用いただけません。
最新バージョンのアップグレード版のご購入をご検討ください。

図1-4-5　「Windows10」で一部のバージョンが使えなくなったソフトの例

とは言っても、どのソフトが使えなくなるのかは、一度「Windows10」にアップグレードしてみないと分かりません。

「とりあえずアップグレードしてみるか」、という軽い気持ちでアップグレードしてしまうと、普段使っているプログラムが使えなくなり、困ってしまうということも考えられます。

それでも「Windows10」にアップグレードするのであれば、そのあたりのことも考えておくといいでしょう。

●「Windows Update」を止める手段が複雑化

他にも、アップグレードを行なうことによる見逃せないデメリットがあります。

それは、「Windows Update」を止めることができない、という点です。

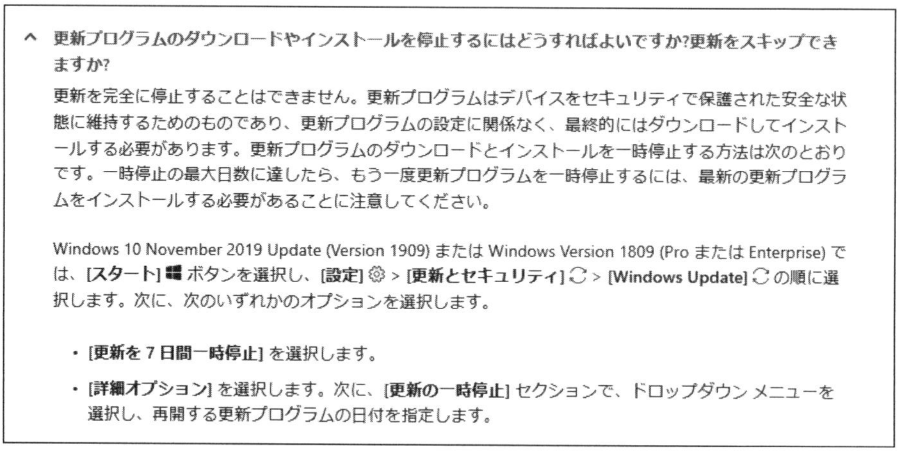

^ 更新プログラムのダウンロードやインストールを停止するにはどうすればよいですか?更新をスキップできますか?

更新を完全に停止することはできません。更新プログラムはデバイスをセキュリティで保護された安全な状態に維持するためのものであり、更新プログラムの設定に関係なく、最終的にはダウンロードしてインストールする必要があります。更新プログラムのダウンロードとインストールを一時停止する方法は次のとおりです。一時停止の最大日数に達したら、もう一度更新プログラムを一時停止するには、最新の更新プログラムをインストールする必要があることに注意してください。

Windows 10 November 2019 Update (Version 1909) または Windows Version 1809 (Pro または Enterprise) では、[スタート] ボタンを選択し、[設定] > [更新とセキュリティ] > [Windows Update] の順に選択します。次に、次のいずれかのオプションを選択します。

- [更新を 7 日間一時停止] を選択します。
- [詳細オプション] を選択します。次に、[更新の一時停止] セクションで、ドロップダウン メニューを選択し、再開する更新プログラムの日付を指定します。

図1-4-6　「アップグレードを完全に止めることはできない」とする、「Microsoft社」の見解

「Windows Update」は、「Windows」のOSプログラムを進化させたり、セキュリティの穴を防いだりするためのアップデートです。

ですので、基本的には推奨されるべきことであり、ユーザー側で止めることではありません。

まれにアップデートを行なうことによって動作が不安定になるプログラムが紛れ込むことがあります。

とは言っても、そのプログラムを入れることでセキュリティが向上するなどといった何かしらのメリットがあります。

入れることによるメリットがまったくないプログラムは、「Windows Update」の中には入ってきません。

＊

しかし、そのメリットとデメリットを天秤にかけると、デメリットのほうが大きい場合もあります。

そういった場合、設定を変えることによって、アップデートを手動にしたり、止めたりすることができますが、「Window10」の場合は、その設定変更がやや複雑になっています。

詳しい説明は割愛しますが、管理者としてログインして、各種エディタを用いるなどしないと、設定の変更を行なうことができません。

あまり気が進まないアップデートを半強制的にさせられること、これも「Windows10」のデメリットの1つと言えます。

ほかにも、

(1)操作感覚が「Windows7」や「8」と違うので、慣れるのに少し時間がかかる
(2)初期設定のままではDVDが再生できない
(3)デフォルトの「フォント」(文字形式のようなもの)が見にくい

などといったデメリットがあります

■なぜ「Microsoft」はユーザーに「Windows10」を使わせたいのか

「Windows10」にアップグレードするのが良いのか悪いのか、それはユーザーの環境が違う以上、一概に言うことはできません。

それにもかかわらず、「Microsoft」は「Windows10」へのアップデートを執拗に勧めてきます。

本来、OSのアップデートは、ユーザー個々が決めるべきことであるにもかかわらず、それを無視するかのように、「Microsoft」がアップデートの押し売りをしているとも捉えられます。

しかし、なぜ、ユーザーの反感を買う可能性があるにもかかわらず、「Microsoft」はアップデートをさせたがるのでしょうか。

●効率化によるコストダウンの実現を狙う

これにはさまざまな理由があると推測されますが、一番の理由は「Microsoft OS」を一本化して、アップデートなどの効率化を図りたいと思っているところにあると考えられます。

現在、「Windows」は「7」「8」「10」の3つのOSが揃い踏みしている状況にあります。

このまま3つの「Windows」が並び立つ状況が続けば、「Microsoft」はその3つのOSに対して、サポートをし続けなければなりません。

特に「Windows7」は、その安定性と使いやすさから、発売からかなりの期間がたっているにもかかわらず、未だに人気があります。

このまま放置すると、「Windows7」、「8」、「10」のうち「7」が一番人気ということになりかねません。

そうなると、「Microsoft」は「Windows7」のサポートを2020年以降も延長しなくてはならなくなります。(「Windows XP」のときもそうでした)

「Microsoft」にとっては、「旧商品もサポートしなくてはならない、新商品もサポートしなくてはならない、それとは別に新たな商品も開発しなくてはならない」となってしまうので、大変なことになります。

▼「WindowsMe」「WindowsVista」と同様に、「Windows8」も短命だった。その後に来る「Windows10」が安定した本命OS。

それならば半強制的に「Windows10」にアップグレードさせることで、「Windows7」や「8」の利用者を減らし、最終的にはなくしてしまったほうがやりやすいと考えていると推測されます。

これに成功すれば、今までは3つの「Windows」に分散していたリソースを、1つに注ぎ込むことができるので、コストダウンと効率化につながります。

「Windows」利用者を「Windows10」にまとめることで、3つの「Windows」のサポートに注ぎ込む力を減らしてコストダウンを図る。

それが「Microsoft」の狙いだと考えられます。

●販売戦略の変更

また、コストダウンという理由以外にも、「Microsoft」の販売戦略が変わりつつあるという理由もあります。

今までの「Microsoft」にとっては、OSは利益を上げられる売り物でした。

しかし、その考え方が少しずつ変わっていき、今では「Microsoft」にとってOSは売り物であるというより、サービスの一種になっています。

つまり、OS自体で儲けるのではなく、OSに付随した「アプリ」や「プログラム」など、そういったところで儲けようという風に考え方が変わってきていると考えられます。

その販売戦略の一環として、商品としての「Windows」から、サービスとしての「Windows10」に「Windows」を切り替えさせようという考えもあるのではないでしょうか。

＊

「Windows10」にアップデートすることによる「メリット」と「デメリット」、また推測される「Microsoft」の思惑について解説してきました。

「Windows」は長年人気のOSで、ユーザーも多いと思いますが、半強制的なアップデートとなると、違和感を覚えるユーザーも多かったのではないでしょうか。

アップデート自体は個々の判断でなされるべきものであり、提供者側から半強制的になされるものではないと考える人も多いかと思います。

本記事で紹介した以外にも、さまざまなメリットやデメリットがあると考えられるので、そういった事項を勘案しつつ、ユーザー側で「Windows 10」にするか否かを選んでいくといいでしょう。

第2章

「データ移行」と「バックアップ」

PCを買い替えるならデータを新しいPCに移さなければなりません。
また、データが飛んでしまったときのためにバックアップも必要です。
第2章では、「データの移行」と「バックアップ」の方法を紹介します。

「Windows10パソコン」買い替え時のデータ移行法

「Windows10」のパソコン(PC)を買い替えたら、まず「現パソコン」から「新パソコン」にデータを移行する必要があります。
具体的に、どのデータをどうやって移行したらいいのか、その方法をまとめて紹介します。

著者■えいじまん
サイト名●「SEパパのUseful Infoログ」
URL●https://eijiman.com/windows10-pc-replaced-data-migration/

■パソコンのデータ移行に必要な「USB」を準備

新しく購入したパソコンに現パソコンのデータを移行するためには、いったんデータを外付けの「USB記憶媒体」などに保存し、バックアップする必要があります。

▼「USB記憶媒体」とは、「USB HDD」や「USBメモリ」のこと。

●「USBメモリ」で充分なケース

移行するデータのサイズが「64GB未満」であれば、バックアップ用の記憶媒体として「USBメモリ」がお勧めです。

図2-1-1 「USBメモリ」

●「USB HDD」が必要なケース

移行するデータのサイズが大容量の場合は、「USB HDD」を購入しましょう。

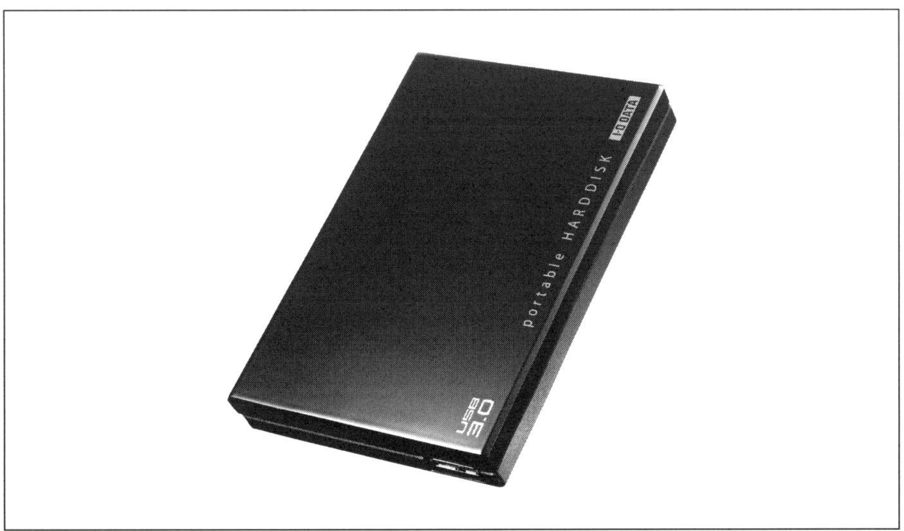

図2-1-2 「USB HDD」

■現パソコンPCから移行するデータを「USB」に保存

パソコンを買い替えたときは、まず「新しいパソコン」に移行するデータを「USB記憶媒体」(HDD、メモリ)に、保存(バックアップ)します。

移行するデータは、主に「Windowsログオンアカウント名」のフォルダ1箇所でOKです。

[移行対象] ユーザーフォルダ下の「アカウント名フォルダ」

[移行フォルダの場所] C:\Users\○○○ ※○○○はアカウント名

実際に「エクスプローラ」で開いてみると、図2-1-3のように表示されます。

▼アカウント名のフォルダは、Cドライブの下にあるUsersフォルダの下にある。

▼userフォルダは「PC」の「ローカルディスク(C:)」の下にある。

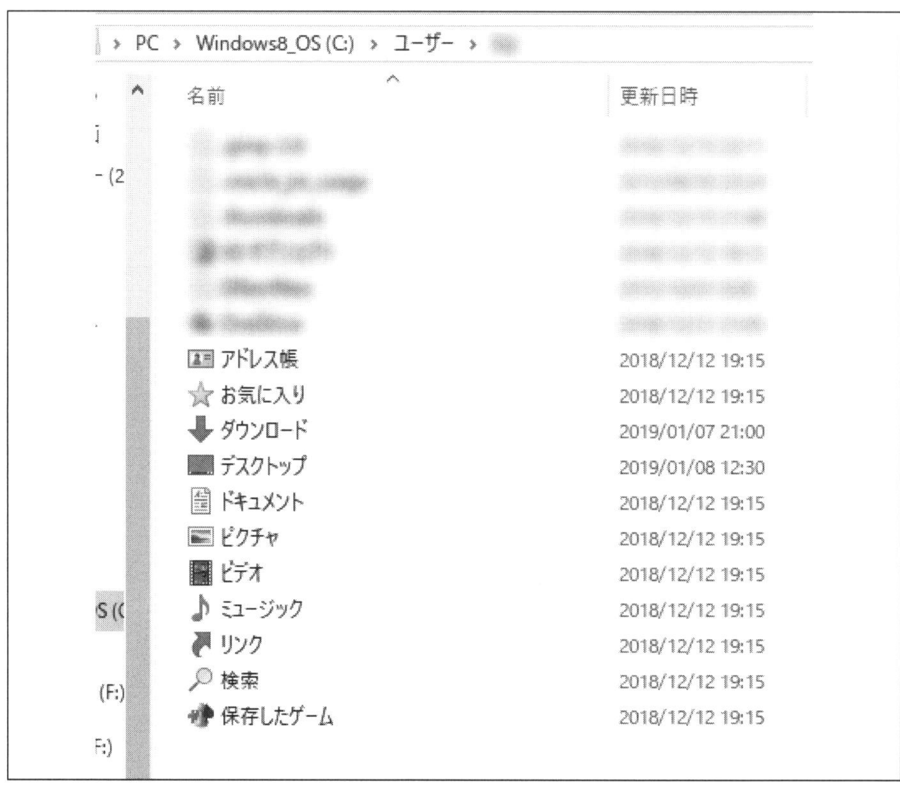

図2-1-3　ユーザーフォルダ下の「アカウント名フォルダ」

このフォルダを丸ごと「外付けUSB記憶媒体」(HDD、メモリ)に保存します。

なぜこのフォルダを保存するのかを説明するために、この中にどのようなデータが保管されているかを簡単に説明します。

▼「IE」＝「Internet Explorer」。WindowsのOSが入ったパソコンには最初から搭載されているWeb閲覧・操作ソフト。

お気に入り………	「IE」などのブラウザで登録したお気に入りデータ
ダウンロード……	「WEB」からダウンロードしたファイル
デスクトップ……	「デスクトップ」に置いたファイル
ドキュメント……	設定次第では「Word」、「Excel」などのファイル
ピクチャ…………	画像ファイル
ビデオ……………	動画ファイル
ミュージック……	「iTunes」などの音楽ファイル

たとえば、よく「デスクトップ」にファイルを作って保存しますよね。

このファイルは、「ログオンしているアカウント名フォルダ」下の「デスクトップフォルダ」に保存されます。

つまり、この「アカウント名フォルダ」を丸ごと保存(バックアップ)しておけば、ほとんどのデータを移行できるということです。

ただし、意識的に「アカウント名フォルダ」以外に保存している場合は、別です。

たとえば、「Cドライブ」直下などにデータを保存している場合は、このデータも保存(バックアップ)するのを忘れないようにしましょう。

あとは「USB記憶媒体」(HDD、メモリ)に保存したデータを、「新パソコン」で作る「アカウント名フォルダ」内に移行すれば、OKです。

▼移行先のフォルダは、新パソコンの初期設定で「Windowsアカウント」を作ったときに自動的に作る。
たとえば、アカウント名を「Test」という名前にした場合は、「C:\Users\Test」が自動で作られる。

■「現パソコン(PC)」から「iTunesデータ」移行

「iTunesデータ」も先ほど保存した「アカウント名フォルダ」内に保管されています。

C:\Users\○○○\Music\iTunes　※○○○はアカウント名。

実際に「エクスプローラ」で開いてみると、図2-1-4のように表示されます

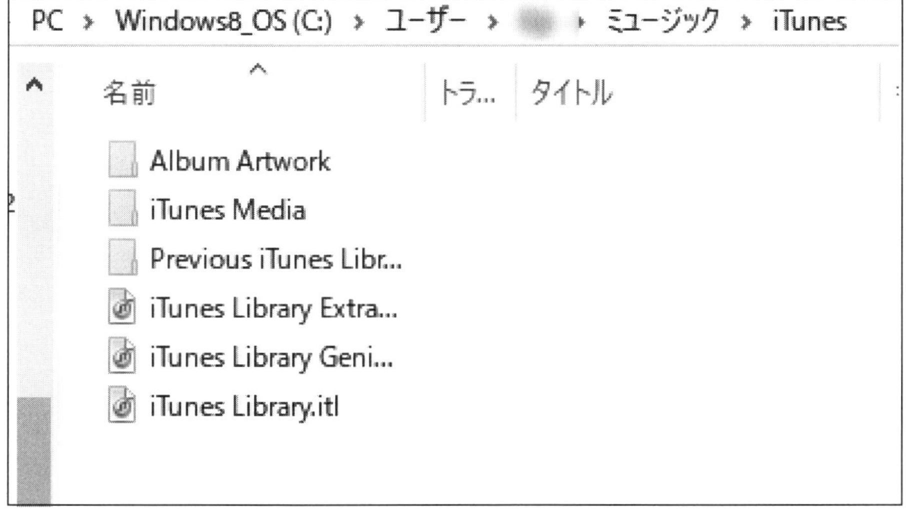

図2-1-4　「iTunesデータ」も「アカウント名フォルダ」内に保管される

■「現パソコン(PC)」から「Outlookデータ」移行

「現パソコン」で「Outlook」を起動し、必要ファイルをUSB記憶媒体(HDD、メモリ)に保存(エクスポート)したあと、「新パソコン」側でデータをインポートする必要があります。

■「現パソコン(PC)」から「データ移行ソフト」で引越し

「Windows10」では「Windows7」のときに使えた「Windows転送ツール」が使えません。

図2-1-5　「Windows転送ツール」が使えなくなったことを知らせる「Microsoftサポート」のページ

ソフトでデータ移行をする場合は、「Microsoft」純正ではなく、サードパーティ製のソフトを使う必要があります。

図2-1-6　サードパーティ製「データ移行ソフト」の例①

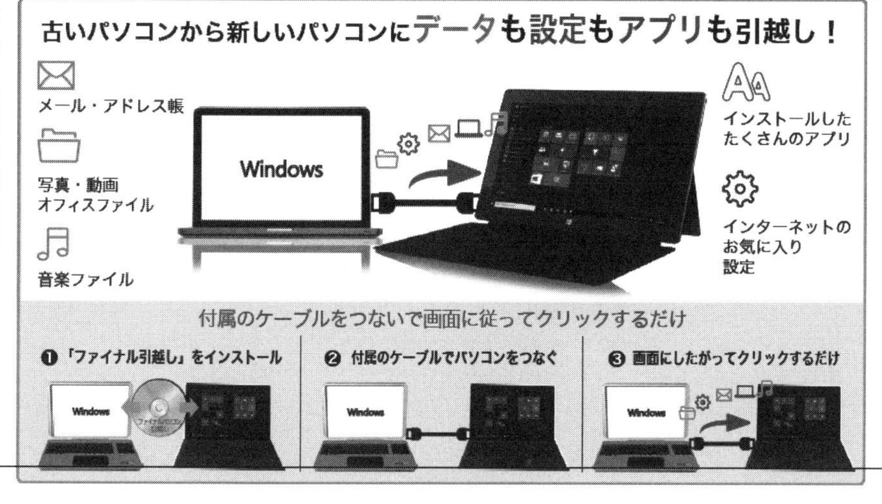

図2-1-7　サードパーティ製「データ移行ソフト」の例②

ただし、不要な「ゴミ・データ」まですべて移行されてしまう可能性があります。

また、正しく移行されたか、検証が面倒です。
そのため、「データ移行ソフト」の利用は積極的にはお勧めしていません。

もし、データ移行ソフトを使いたい場合は、大手通販サイトのレビューが参考になります。
「こんな場合は成功した」「失敗した」などの体験談を購入の判断材料にするといいでしょう。

データ移行ソフトを使わなくても、基本的には、「ファイル・データ」「各ソフト」（iTunes, Outlookなど）の移行をしておけばOKです。
パソコンを買い替えたこの機会に不要なデータを整理して、必要なデータのみを新パソコンに移行すれば、スッキリできてお勧めです。

■「現パソコン(PC)」買い替え時の「データ移行」まとめ

「Windows10」のパソコンを買い替えたときに、「現パソコン」から「新パソコン」に「データ」を移行する方法を紹介しました。

①基本的なデータ移行は、「アカウント名フォルダ」を丸ごと移行するだけでOK。
②その他ソフト(iTunes、Outlook、Chromeなど)は、個別に移行と設定が必要。

「データ移行」には「現パソコン」のデータをいったん保存する「外付けUSB記憶媒体」(HDD、メモリ)が必要です。

最近は大容量でもかなり安く手に入りますし、「データ移行」以外でも活用できるので、これを機に購入しておきましょう。

「移行するデータ」が少なければ「USBメモリ」を選び、「移行するデータ」の量が多ければ「USB HDD」を選びます。

【参考サイト】

→iTunesのデータの移行は、以下の外部サイトで紹介されています。

初心者にも分かるiPhoneの使い方
新しいPCにiTunesをデータを移行する手順
https://iphone-itunes.info/itunes/4792

→Outlookのデータの移行は、以下の外部サイトで紹介されています。

[Outlook]Outlookのデータ移行方法
https://faq.mypage.otsuka-shokai.co.jp/app/home
FAQID：209238

→Google Chromeのデータの移行は、以下の外部サイトで紹介されています

Google Chrome ヘルプ
すべての端末で同じブックマーク、パスワード、その他の設定を利用します。
https://support.google.com/chrome/answer/165139?co=GENIE.Platform%3DDesktop&hl=ja

2-2

「Cドライブ」を「丸ごとバックアップ」する(Win7編)

「Windows10」が気に入らなかったときに、元どおりに復元できるように、「Cドライブ」を「丸ごとバックアップ」しておきましょう。
「Windows10」をインストールする直前に実行します。

著者■パソコンお助けマン
サイト名●「ブロ友パソコン相談室」
URL●https://sukettopc.exblog.jp/22018917/

■「Cドライブ」の容量を調べる

すべてのプログラムやデータは、「Cドライブ」というところに保存されています。

＊

次の手順で「Cドライブ」の容量を調べます。

[手順]　「Windows7」で「Cドライブ」の容量を調べる

[1][スタートボタン]をクリックし、スタートメニューにある[コンピューター]をクリックします。

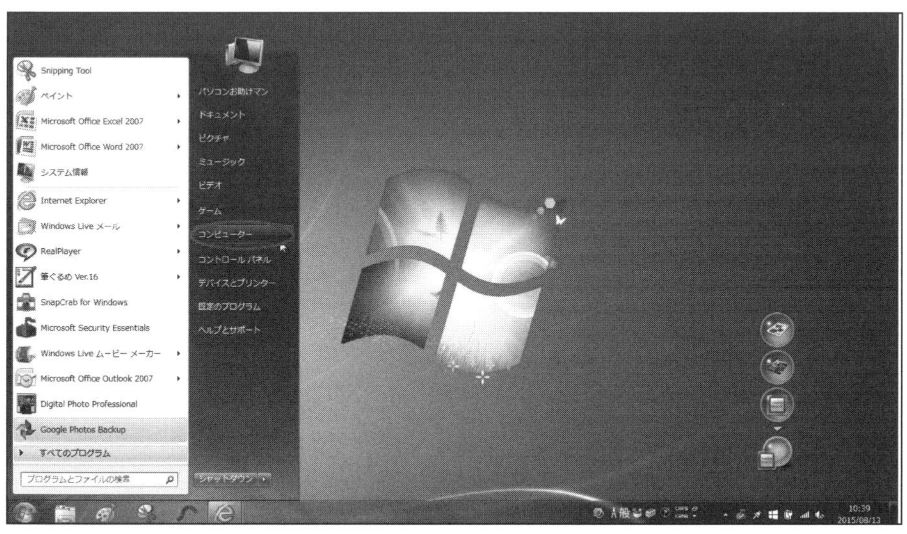

図2-2-1　スタートメニューから[コンピューター]を選ぶ

[2]すると「ハードディスク・ドライブ」が表示されます。

図2-2-2 ［S3A7824D002（C：）］を右クリックして［プロパティ］を選ぶ

▼ドライブの名称はパソコンによっていろいろですが、(C：)、(D：)、(G：)は共通。

「Cドライブ」とは［S3A7824D002（C：）］のことです。

PCには、外付けハードディスク・ドライブ（HDD）がUSB端子で接続されていますが、「ローカルディスク（G:）」が「バックアップ・データ」を保存する外付けHDDです。

「Cドライブ」を右クリックすると、リストが出てくるので、［プロパティ］をクリックします。

[3]「Cドライブのプロパティ」が出ます。

この中の「使用領域」（76.6GB）を記録してください。

図2-2-3 「使用領域」（76.6GB）を記録する

「Cドライブ」の「丸ごとバックアップ」とは「76.6GB」のデータをそっくり「外付けHDD」に保存する、ということです。

▼ここで言う「外付けHDD」とは、p.30で示した「USB　HDD」と同じもの。移行用の外付けHDDを用意する際に、一緒にバックアップ用のものも用意しておくことをお勧め。

■バックアップを取る

[手順]　「Windows7」で「Cドライブ」の「丸ごとバックアップ」

[1]「Cドライブ」の「使用領域」(76.6GB)以上のデータを保存できる「外付けHDD」をパソコンに装着します。

[2][スタートボタン]をクリックして、スタートメニューの[コントロールパネル]をクリックします。

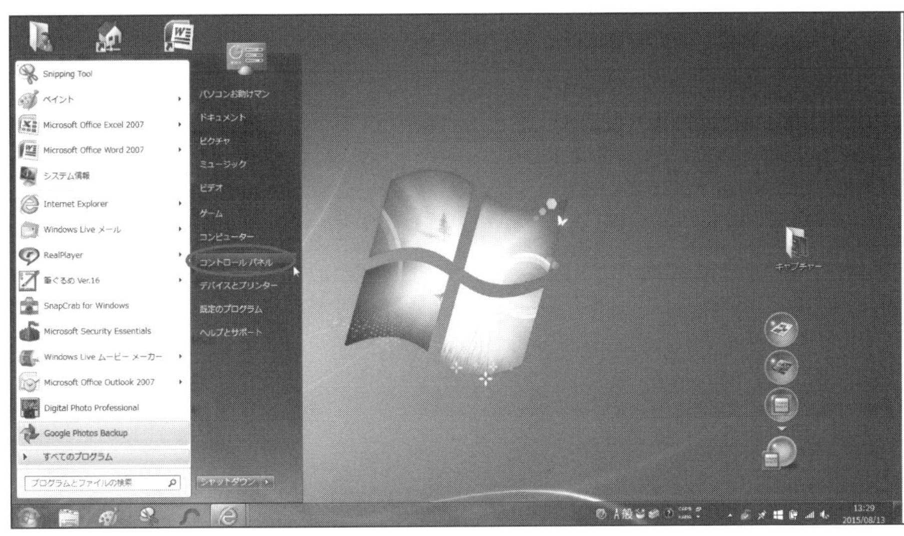

図2-2-4　[コントロールパネル]をクリック

[3]「コントロールパネル」が開いたら、[バックアップの作成]をクリックします。

▼表示方法は「カテゴリ」。

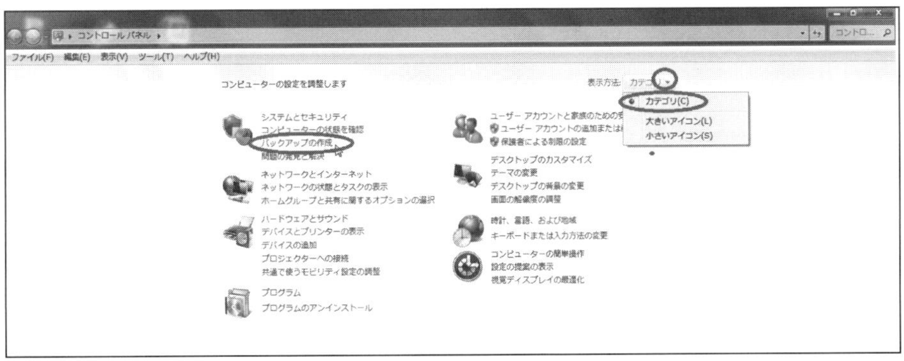

図2-2-5　左上の「バックアップの作成」を選ぶ

[4]「バックアップと復元」の画面が出るので、画面左上の[システムイメージの作成]をクリックします。

図2-2-6 「システムイメージの作成」をクリック

▼Windows7の場合「4K ネイティブ HDD」という規格のHDDではバックアップを作成できない。外付けHDDを購入する前に「4K ネイティブ HDD」規格のHDDでないか確認。

[5]「システムイメージの作成」画面が出るので、バックアップの保存先として「外付けHDD」を指定します。

ここでは「ローカルディスク(G：)」が「外付けHDD」です。

指定したら、[次へ]をクリックします。

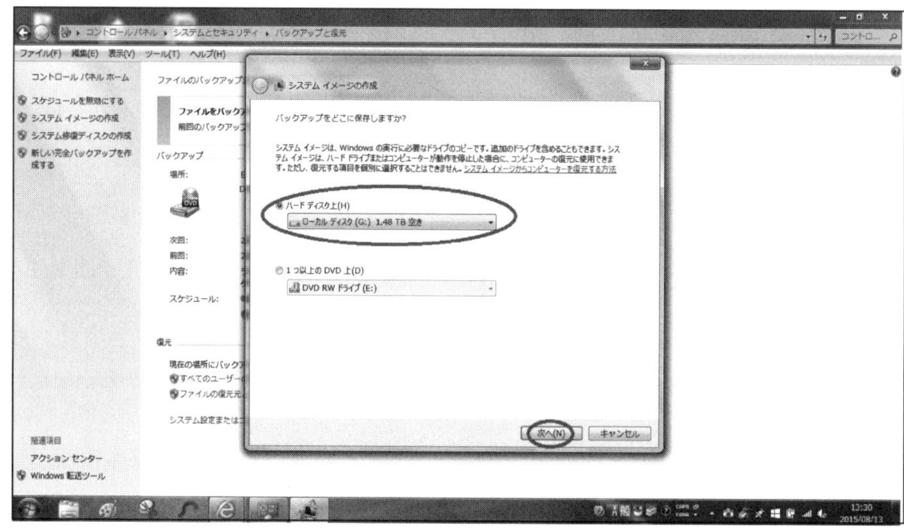

図2-2-7 「バックアップの保存先」に「外付けHDD」を指定する

[6]「チェックボックス」は初期状態のまま、「バックアップ」の容量と「外付けHDD」の空きを確認して[次へ]をクリックします。

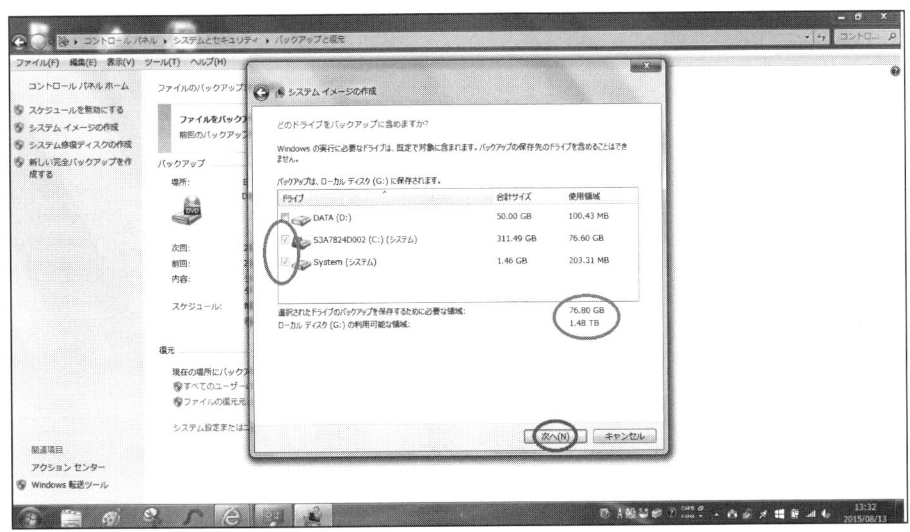

図2-2-8 「バックアップ」の容量と「外付けHDD」の空きを確認する

[7]内容を確認して[バックアップの開始]をクリックします。

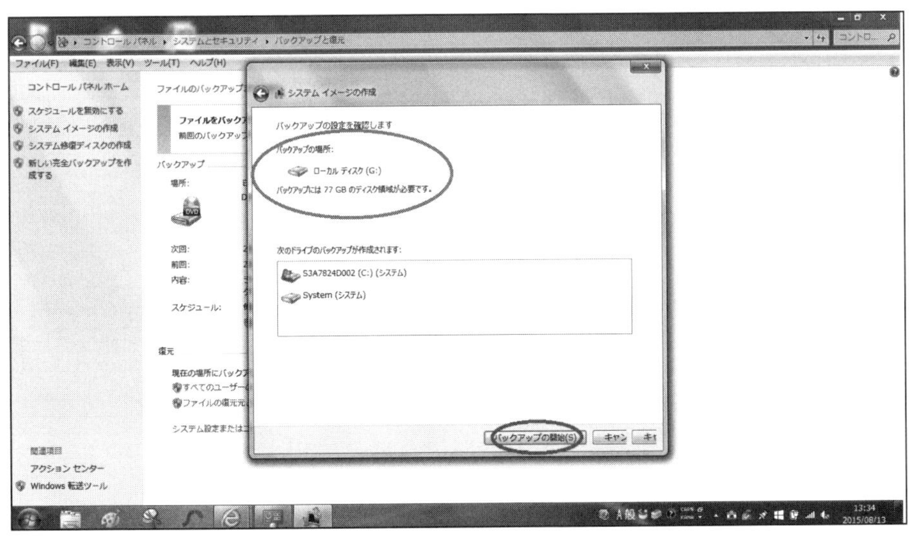

図2-2-9 [バックアップの開始]をクリック

▼数時間から1日かかる場合もある。時間に余裕があるときに行なう。

[8]「バックアップ」の保存が始まります。

パソコンの性能、使用領域によって時間が違いますが、私のパソコンでは約50分かかりました。

「システム修復ディスクを作成しますか」との画面が出たら[いいえ]をクリックします。

「システム修復ディスク」は「Windows」を起動できなくなったときに使うものです。

購入時に作るべきですが、まだ作っていない方は右ページのサイトを参考にして作っておくことをお勧めします。

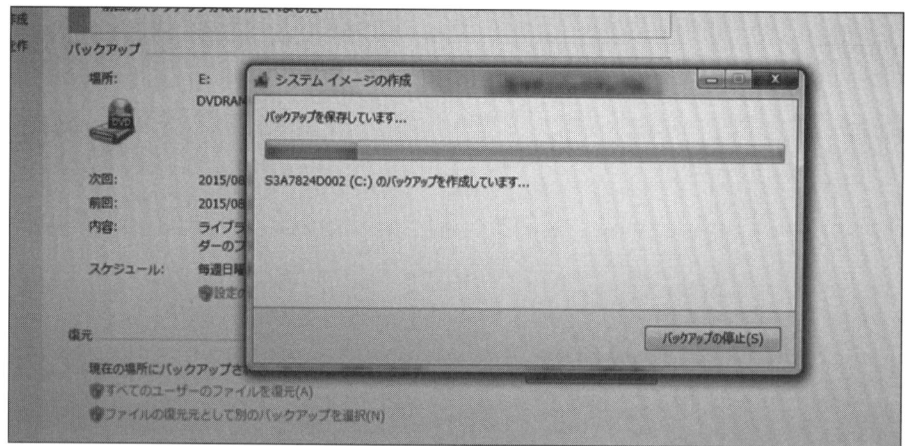

図2-2-10 「システム修復ディスクを作成しますか」と出たら[いいえ]をクリック

[9][閉じる]をクリックして終了です。

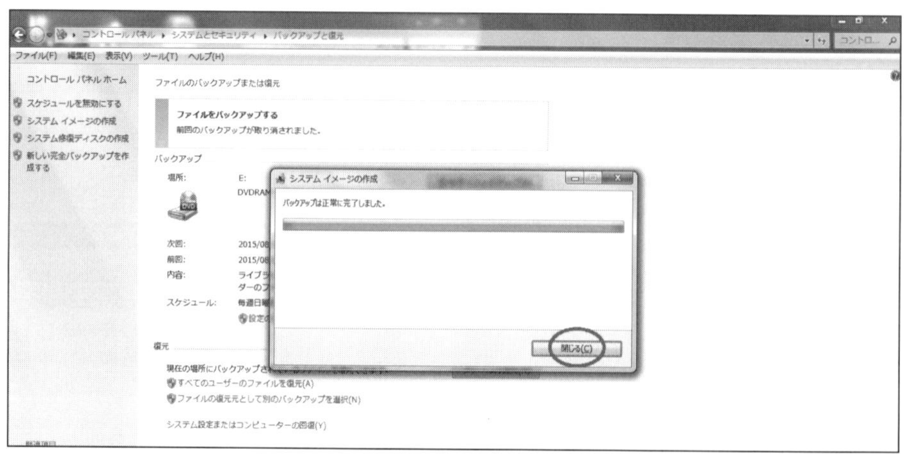

図2-2-11 [閉じる]をクリック

[10]「外付けHDD」に保存されたフォルダです。

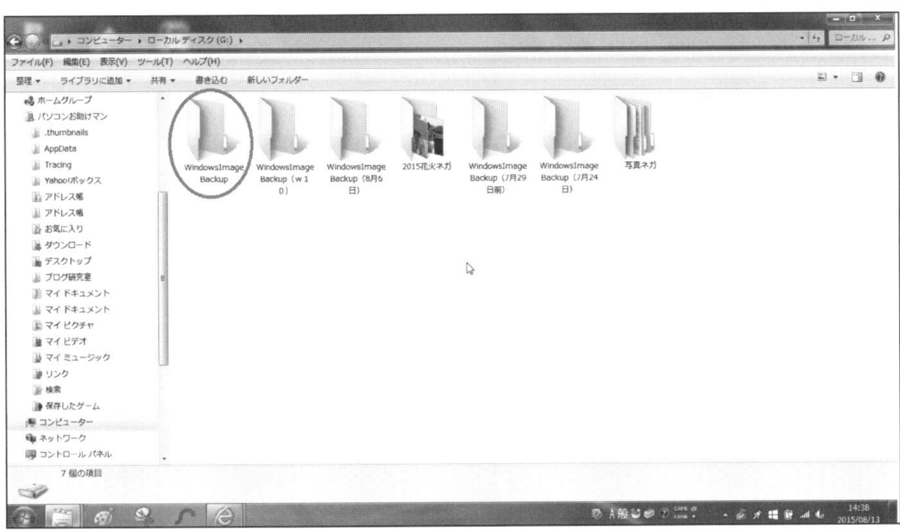

図2-2-12　「外付けHDD」に「フォルダ」が保存される

ブロ友パソコン相談室　バックアップと復元
https://sukettopc.exblog.jp/23324021/

「Cドライブ」を「丸ごとバックアップ」する（Win8.1編

「Windows 10」が気に入らなかったときに元どおりに復元できるように、「Cドライブ」を丸ごとバックアップしておきましょう。
バックアップは、「Windows 10」をインストールする直前に実行します。

著者■パソコンお助けマン
サイト名●「プロ友パソコン相談室」
URL●https://sukettopc.exblog.jp/21974103//

■「Cドライブ」の容量を調べる

すべてのプログラムやデータは「Cドライブ」というところに保存されています。

＊

次の手順で、「Cドライブ」の容量を調べます。

[手順]　「Windows8.1」で「Cドライブ」の容量を調べる

[1]「タスクバー」にある[エクスプローラ]アイコンをクリックするとPC内の「フォルダ」が表示されます。

「Cドライブ」とは[Windows 8.1（C：）]のことです。

PCには、外付けハードディスクドライブ（HDD）がUSB端子で接続されていますが、「ローカルディスク（G:）」が「バックアップ・データ」を保存する外付けHDDです。

[Cドライブ]を右クリックすると、リストが出てくるので、[プロパティ]をクリックします。

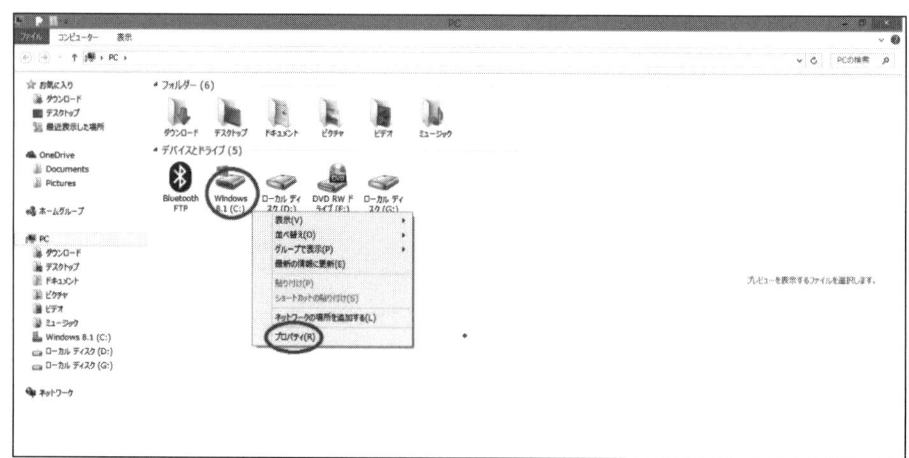

図2-3-1　「Windows 8.1（C：）」の[プロパティ]をクリックする

[2]［Cドライブ］の「プロパティ」が出ます。
この中の「使用領域」(66.5GB)を記録してください。

図2-3-2　「使用領域」(66.5GB)を記録する

「Cドライブ」の「丸ごとバックアップ」とは、「66.5GB」のデータをそっくり「外付けHDD」に保存することです。

■バックアップを取る

[手順]　「Windows8.1」で「Cドライブ」の「丸ごとバックアップ」

[1]「Cドライブ」の使用領域(66.5GB)以上のデータを保存できる「外付けHDD」をパソコンに装着します。

[2][Windowsボタン]を右クリックして、[コントロールパネル]をクリックします。

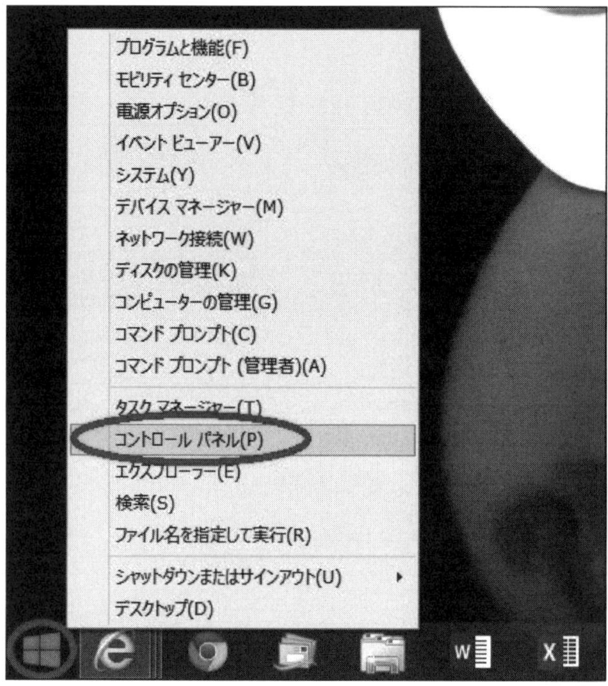

図2-3-3　[コントロールパネル]をクリック

[3]「コントロールパネル」が開いたら、[ファイル履歴でファイルのバックアップコピーを保存]をクリックします。

▼表示方法は「カテゴリ」。

図2-3-4　左上の[ファイル履歴でファイルのバックアップコピーを保存]をクリック

[4]「ファイル履歴」の画面が出るので、画面左下の[システムイメージ・バックアップ]をクリックします。

図2-3-5 [システムイメージ・バックアップ]をクリック

[5]「システムイメージの作成」画面が出るので、バックアップの保存先として「外付けHDD」を指定します。

ここでは「ローカルディスク（G：）」が「外付けHDD」です。

指定したら、[次へ]をクリックします。

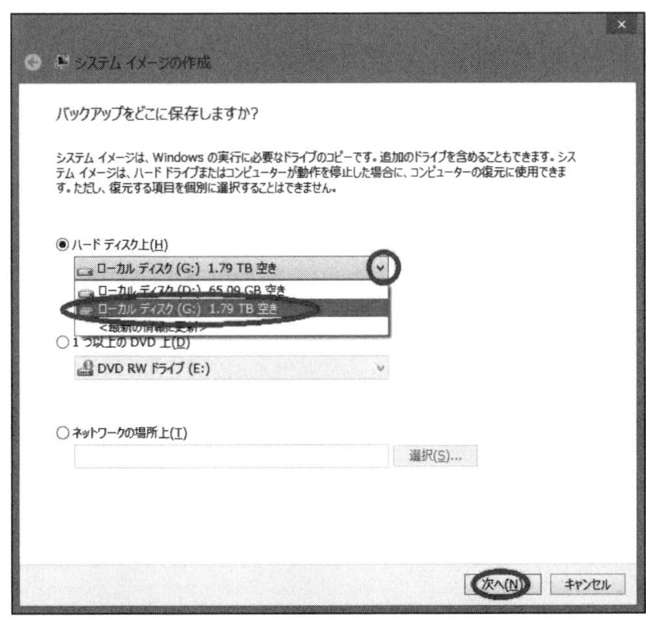

図2-3-6 「バックアップの保存先」に「外付けHDD」を指定する

[6]「チェックボックス」は初期状態のまま、「バックアップ」の容量と「外付けHDD」の空きを確認して[次へ]をクリックします。

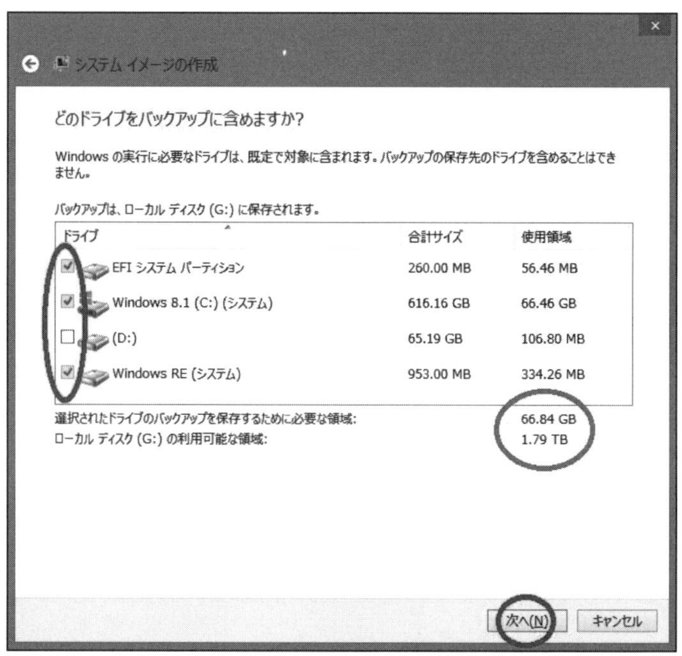

図2-3-7　「バックアップ」の容量と「外付けHDD」の空きを確認する

[7]内容を確認して[バックアップの開始]をクリックします。

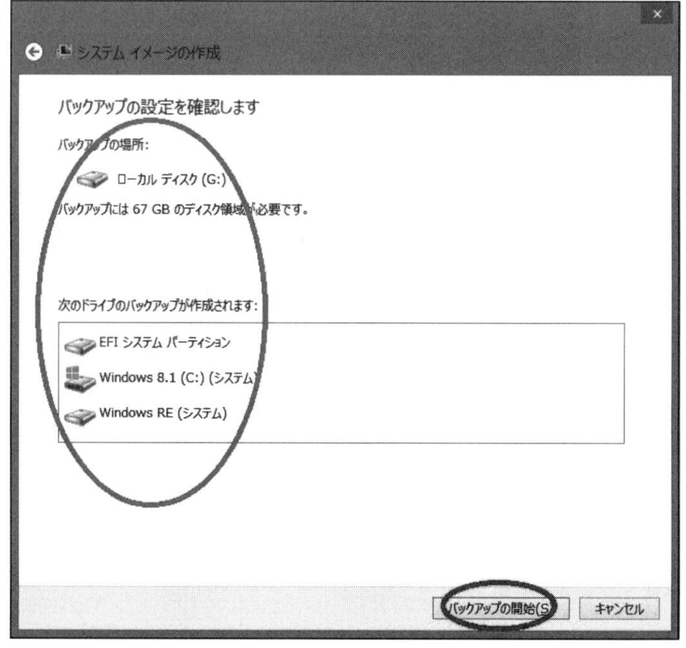

図2-3-8　[バックアップの開始]をクリック

[8]「バックアップ」の保存が始まります。

パソコンの性能、使用領域によって時間が違いますが、ここでは約15分かかりました。

▼数時間から1日かかる場合もある。時間に余裕があるときに行なう。

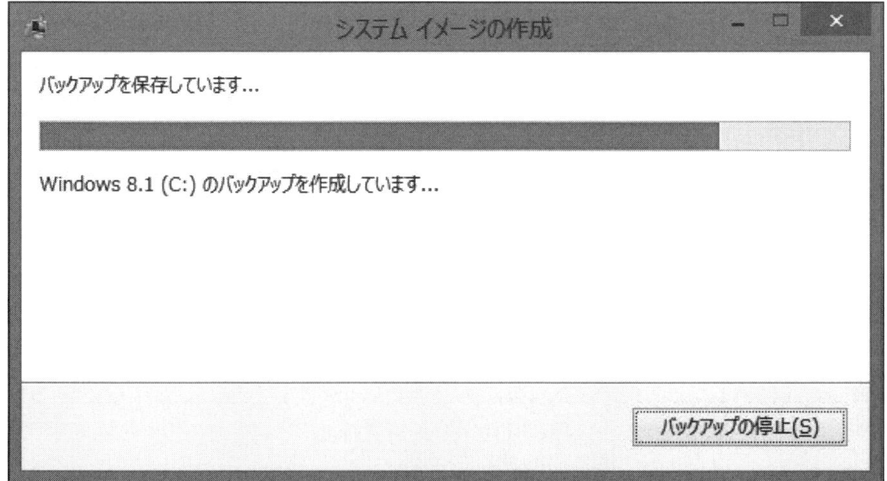

図2-3-9 「バックアップ」の保存が始まる

「システム修復ディスクを作成しますか」との画面が出たら[いいえ]をクリックします。

「システム修復ディスク」は「Windows」が起動できなくなったときに使うものです。

これは購入時に作っておくべきですが、まだ作っていない方は、p.43の「バックアップと復元」を参考にして作っておくことをお勧めします。

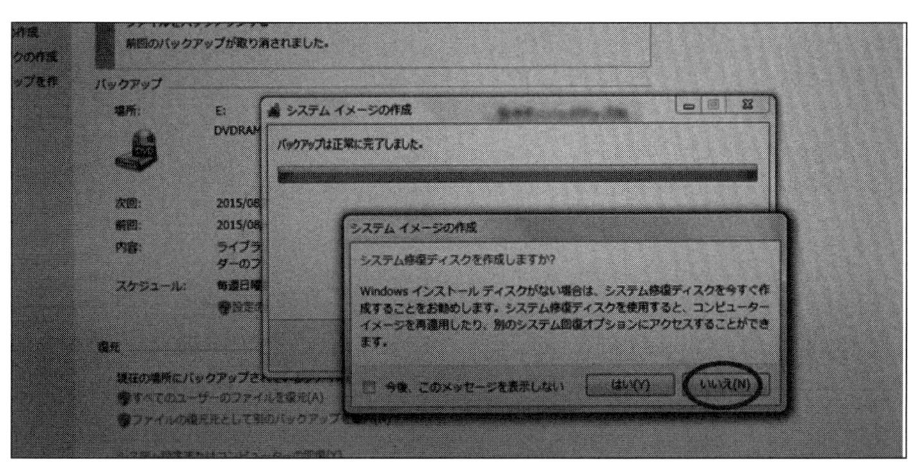

図2-3-10 「システム修復ディスクを作成しますか」と出たら、[いいえ]をクリック

[9]「閉じる」をクリックして終了です。

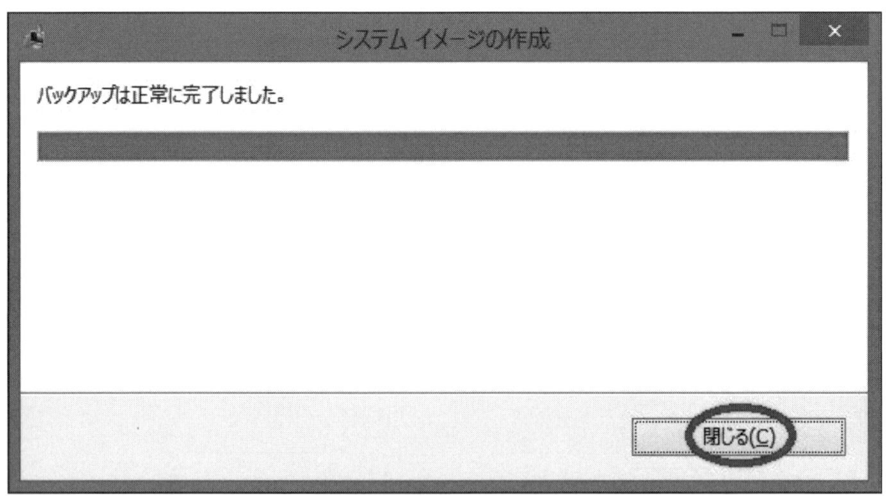

図2-3-11　[閉じる]をクリック

[10]「外付けHDD」に保存された「フォルダ」です。

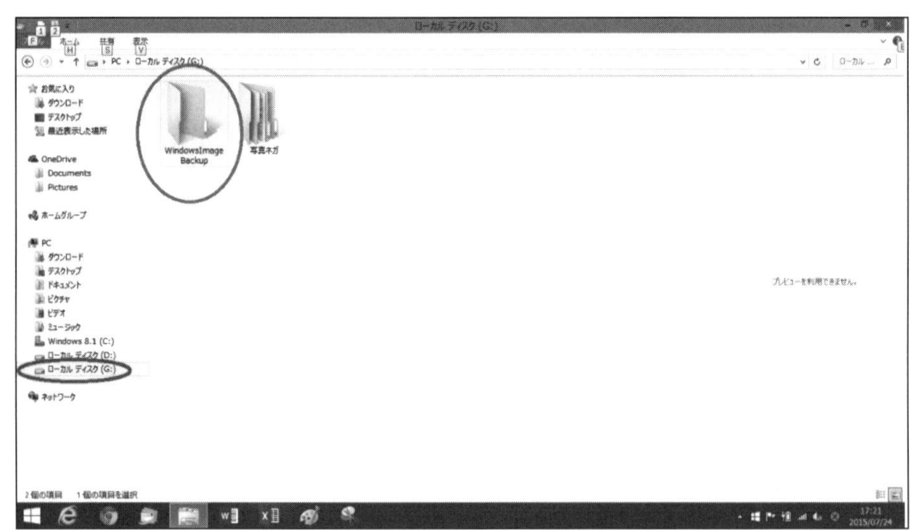

図2-3-12　「外付けHDD」に「フォルダ」が保存される

第3章

Windows7 PCの「再活用」と「完全処分」

**サポートが切れた「Win7マシン」を使い続ける方法はないのでしょうか。
また、処分するにしても、どうやって捨てればいいのでしょうか。
第3章では、「Win7マシン」の「活用法」と「処分法」を紹介します。**

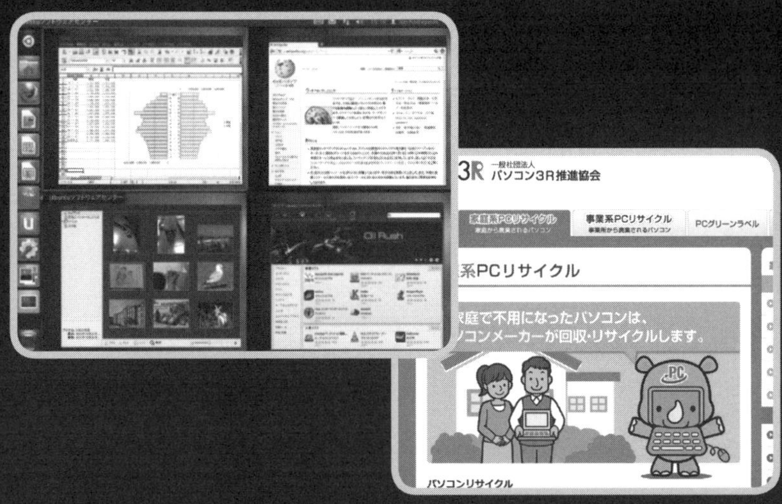

Windows7 PCのネットワーク配置

まだまだ元気に稼働する古いPC(「Windows10」が動作しない・サポートされない)を、2020年以降の「Windows7」がサポートされなくなった環境で、多少のセキュリティを意識しつつ使い続けるプランを練ってみました。

著者■hone.
サイト名●「Hone.のたま～に戯言」
URL●https://blog.goo.ne.jp/psyna_hone/e/e0c6aea70d2e7365465b7cd5717b117d

■「Microsoft」の「Windows7」サポート終了後も同OSを使い続ける

最初から結論を言ってしまうと、「物理的にネットワークから隔離」し、必要なときだけ「ネットにつながっているPC」を「Windows7」側から「リモートで制御」して「Windows7」側PCの画面にネット環境を「表示」させる方法を考えてみました。

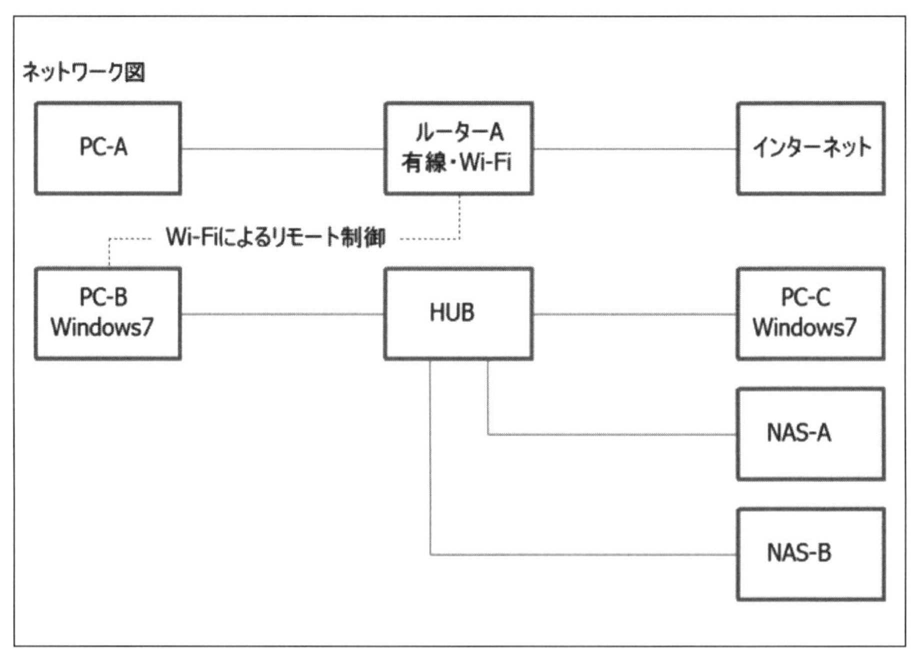

図3-1-1　「Windows7」の「サポート終了後」の「ネットワーク配置図」

●PC-A

「Windows10」など最新のOSで「Windows7」との「リモート・デスクトップ接続」が可能なPC。

常に最新のセキュリティ更新を行なう必要があります。

●PC-B・PC-C

「Windows7」がインストールされたPCで、「無線LAN」でインターネットに接続できるPC。

このPCでは直接インターネットへはアクセスしません。

または「ブラウザ」などをアンインストールして「インターネットアクセス」を否定します。

サポートがないので「Windows Update」や「Defender」などもアンインストールしていいでしょう。

●HUB

有線ネットワークHUB。

図3-1-2　有線ネットワークHUBの例（「ETX-ESH08C」）

「HUB」は余計な機能がないシンプルな製品がよい（改竄（ざん）防止）。

●ルータA

「無線LAN」対応「ブロードバンド・ルータ」。

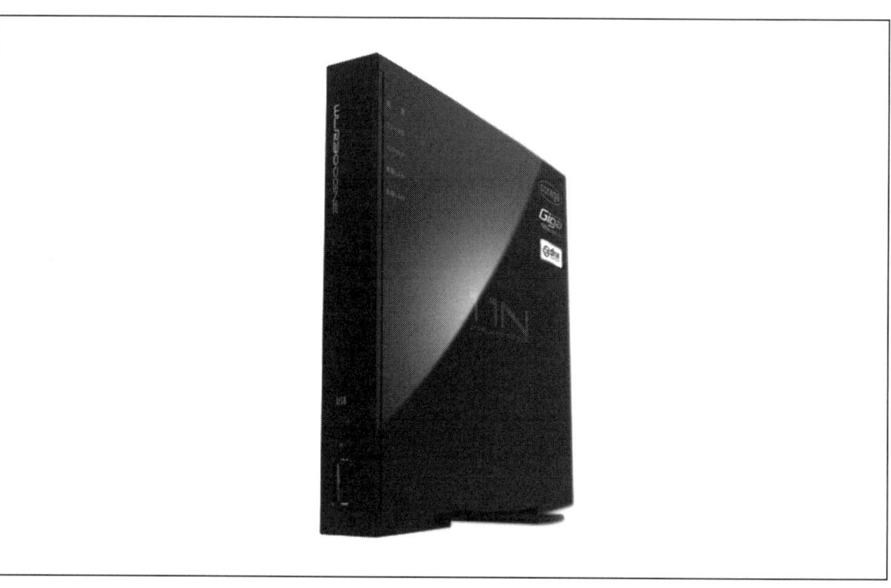

図3-1-3　無線LANルータの例（「CG-WLR300GNE」）

●NAS-A、NAS-B

「ネットワーク接続ストレージ」など。

図3-1-4　「ネットワーク接続ストレージ」（NAS）の例（「HDL-TA」）

大事なこと

(1)「Windows7 PC」で直接インターネットにアクセスしない。
(2) インターネットからダウンロードしたファイルは、すべて「PC-A」で一度「ウィルス・チェック」をする。

■「Windows7」PCからインターネット接続を表示するには

「PC-A」につながったインターネットアクセスを「PC-B」や「PC-C」で利用するには、「Windows7」の機能「リモート・デスクトップ接続」を利用して「PC-A」を「リモート制御」します。

この接続は、「相手PC」(この場合「PC-A」)の表示画面が「接続する側」(「PC-B」や「PC-C」)のモニタに表示されます。

「全画面表示」状態だと、あたかも「PC-A」を使っているような錯覚に陥るほど、いろいろなことができます。
もちろん「ブラウジング」や「ダウンロード」も可能です。

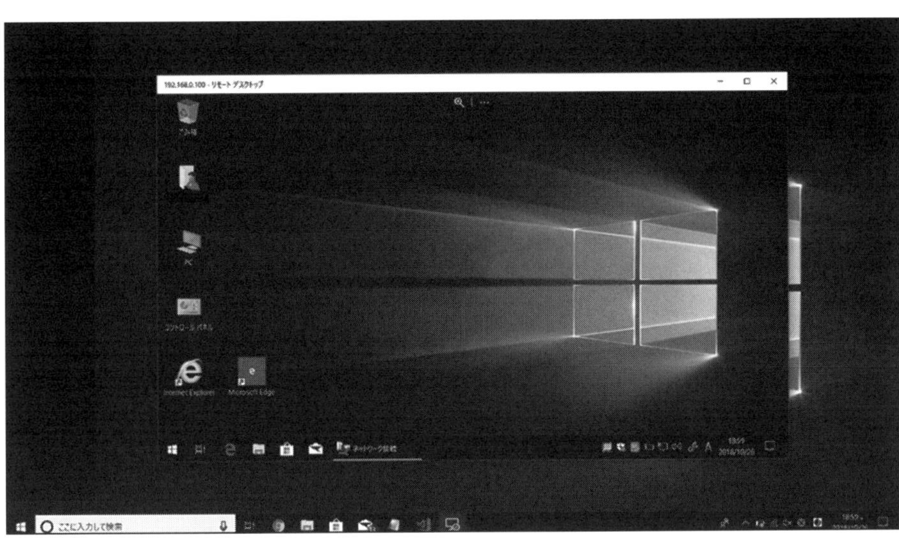

図3-1-5 「リモート・デスクトップ接続」の使用画面(Win10)

ただし、これは「PC-A」内で起こっている現象なので、結果やダウンロードしたファイルは「PC-A」の中に保存されます。
そのため、「PC-A」には、最新の「アンチ・ウィルス」や「アンチ・マルウェア」の機能が必要です。

上記の方法だと、仮に「まずいサイト」を表示して何か変なものを貰っても、「PC-A」の中で適切に処理できれば、「PC-B」や「PC-C」には何の影響もありません。

▼「ポートフィルタ」とは、特定の「ポート番号」からの通信を許可したり拒否したりできる機能。

▼「ポート番号」とは、コンピュータ内のどのソフトウェアやプログラムが通信しているのかを識別するために割り振られた番号のこと。
許可、あるいは拒否する「ポート番号」は利用者自身が決めて設定することができる。

▼「MACアドレス制御」とは、「ルータ」に特定の「MACアドレス」からしか接続できないようにする機能。
この機能を使うと、あらかじめ登録しておいた機器以外の機器が「ルータ」と接続するのを防ぐ。
ただし、「MACアドレス」を偽装されると登録外の機器からでも接続されてしまうので、注意が必要。

▼「ポート・フィルタ」も「MACアドレス制御」も設定方法は機器によって違うので、設定したい機器の会社のサポートページなどをチェック。

ダウンロードしたファイルなども「PC-A」で「ウィルスチェック」を行なった後、必要なときだけ「PC-A」の共有フォルダに「PC-B」や「PC-C」から「無線LAN」でアクセスして受け渡しできます。

ただし、拾ったものがアクティブにネットワークを徘徊する「ワーム」のようなウィルスの場合、「無線LAN」も攻撃対象の可能性があります。

■「Windows7PC」の「無線LAN」には「固定IPアドレス」を割り当てない

これは攻撃者が「PC-B」や「PC-C」などの「Windows7 PC」を狙い撃ちで攻撃できないようにするためです。

接続するたびにルータ側で「IPアドレス」を振り直せば、「固定IP」による狙い撃ちは、ほぼ不可能になります。

ただし、「Windows7側PC」の「物理アドレス」(MACアドレス)を知られてしまうと、これらの方法は無に帰します。
「MACアドレス」を検索して「IPアドレス」を知られてしまうからです。

■「ブロードバンド・ルータ」の設定は適切に

できるだけ外部のアクセスから「身を隠す」設定が必要です。

インターネット側からの「IPアドレス参照」に応答しない「ステルス機能」や、特定ポートに蓋をする「ポートフィルタ」、「アクセス制限」、「無線LAN」の機種別アクセス制限をする「MACアドレス制御」――など適切に設定しましょう。

■必要ないときは「無線LAN」を必ずOFFにする

「Windows7」側のPCは、セキュリティに「穴」が存在する可能性があります。
極力、「ブロードバンド・ルータ」に接続する時間を短くし、使用後は必ず「無線LAN」をOFFにする癖(クセ)を身に付けたいです。

■それでも「無線LAN接続時」は警戒が必要

「Windows」だけでなく、その他のOSを使っていようとも、攻撃者は必ず「穴」を突いて攻撃を仕掛けてきます。

また、我々ユーザーが意図しない方法で悪い物を「拾って」しまう可能性もあります。

PCを介して、直接的、間接的を問わず、ネットワークに接続すれば、「セキュリティー・リスク」は発生します。

適切な知識と予防手段は常に意識しておきたいですね。

[補足1] 「ブラウザ」「Windows Update」「Defender」を無効化する方法

「Defender」や「ブラウザ」「Windows Update」は、普通のソフトと同じやり方でアンインストールすることができません。

ですので、無効化には特殊な操作が必要になります。

＊

以下で、それぞれの方法を確認していきましょう。

●「ブラウザ」の無効化方法

「ブラウザ」の「アンインストール」や「無効化」の手順を説明します。

[手順] 「ブラウザ」を無効化する

[1][スタート]ボタンをクリックして、「スタートメニュー」を開きます。

[2]「スタートメニュー」画面右から、[コントロールパネル]を選びます。

[3]「コントロールパネル」画面から、[プログラムと機能]ボタンをクリックします。

[4]「プログラムのアンインストールまたは変更」という画面が表示されるので、画面左上に表示される「Windowsの機能の有効化または無効化」をクリックします。

[5]「Windows」の機能が一覧で表示されるので、[Internet Explorer]と表示されているチェックボックスからチェックを外して、[OK]ボタンを押して終了です。

[手順] 「Internet Explorer」以外の「ブラウザ」のアンインストール。

※[3]までは「Internet Explorer」の場合の手順と同じです。

[4][プログラムのアンインストールまたは変更]を開くと、画面中央にインストールされているプログラムの一覧が表示されているので、アンインストールしたいプログラムを選びます。

[5]選んだプログラムを右クリックして、[アンインストール]を選びます。

[6]選んだプログラムがアンインストールされます。

●「Windows Update」の無効化方法

［手順］　「Windows Update」を無効化する。

[1][スタート]ボタンをクリックして「スタートメニュー」を開きます。

[2]「スタートメニュー」画面右から[コントロールパネル]を選びます。

[3]「コントロールパネル」画面から[システムとセキュリティ]ボタンをクリックします。

[4]「Windows Update」の中の「自動更新の有効化または無効化」をクリックします。

[5]「更新プログラムをインストールする方法を選択します」という画面が開きます。

[6]「重要な更新プログラム」のプルダウンメニューを開き、その中の「更新プログラムを確認しない」を選びます。

[7]画面右下の[OK]ボタンを押したら「無効化」完了です。
（もし「ユーザーアカウント制御画面」が表示された場合でも、[続行]ボタンを押してください）

●「Defender」の無効化方法

［手順］　「Defender」を無効化する

[1][スタート]ボタンをクリックして「スタートメニュー」を開きます。

[2]「スタートメニュー」左下の[プログラムとファイルの検索]欄で「Defender」を検索し開きます。

[3]「Defender」を開くと、「スパイウェアや望ましくない可能性のあるソフトウェアからの保護」という画面が開くので、その画面の右上にある[ツール]ボタン（歯車の絵が描かれたボタン）をクリックします。

[4]「ツールと設定」という画面が開くので、[オプション]を開きます。

[5]「オプション」画面左の枠の中から[管理者]を選びクリックします。

[6]画面中央に「このプログラムを使用する」というチェックボックスが表示されるので、チェックを外します。

[7]画面下の[保存]をクリックします。

[8]「このプログラムは無効になっています」というポップアップが表示されれば無効化は成功です。
[閉じる]ボタンでポップアップを閉じてください。

[補足2] 「リモート・デスクトップ接続」の手順

今節で紹介した「リモート・デスクトップ接続」の手順について説明します。

起動する前に、お使いの「Windows」のエディションを確認してください。
「Windows」のエディションによっては、「リモート・デスクトップ接続」が使えないものがあります。

接続される側として使える「Windows 10」は、

Windows 10 Pro
Windows 10 Enterprise
Windows 10 Education

の3種類。

▼「ホーム・エディション」は、リモートデスクトップの操作される側(接続される側)になることはできないので注意。

接続する側として使える「Windows 7」は、

Windows 7 Home Premium
Windows 7 Professional
Windows 7 Ultimate

の3種類です。

*

それでは「リモート・デスクトップ接続」を使っていきましょう。

*

まずは接続される側の「Windows 10 PC」(「PC-A」)の「リモート・デスクトップ機能」を「有効」にします。

[手順]　「リモート・デスクトップ」を「有効」にする

[1]「メニュー画面」を開き、[設定]アイコンをクリックします。

図3-1-6　「メニュー画面」を開く

[2]「Windowsの設定」という画面が開くので、左上の[システム]をクリックします。

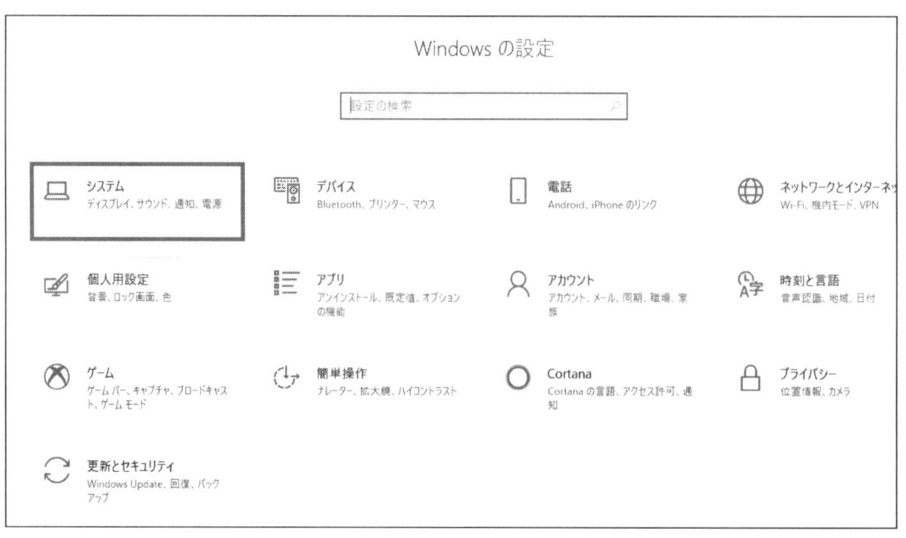

図3-1-7　「Windowsの設定」画面を開く

[3]画面左端の下から2番目にある[リモート・デスクトップ]をクリックします。

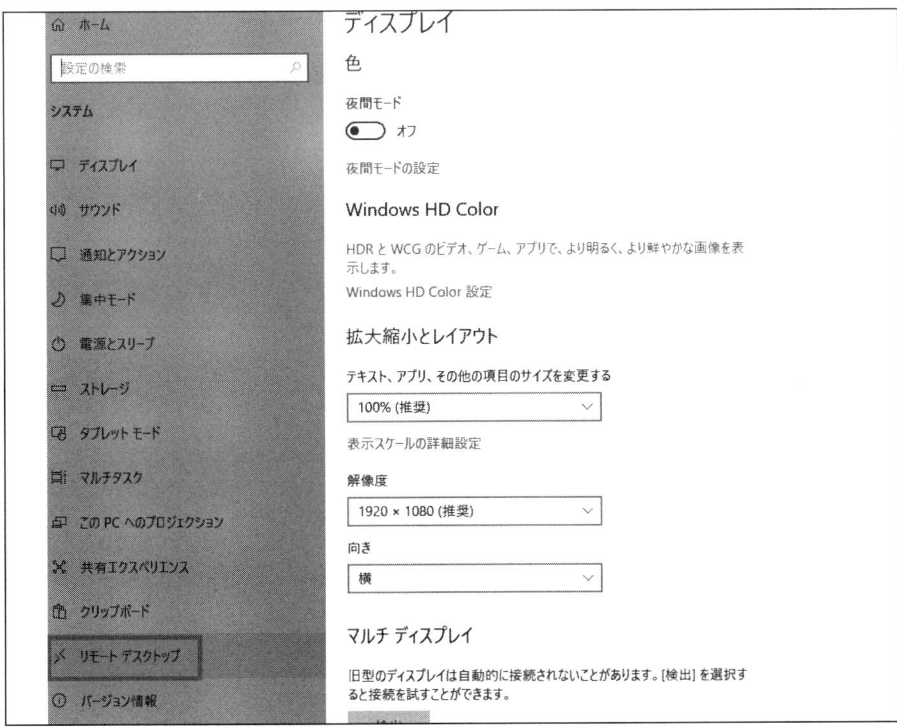

図3-1-8　「システム」画面を開く

[4][リモート・デスクトップを有効にする]を「オン」にします。

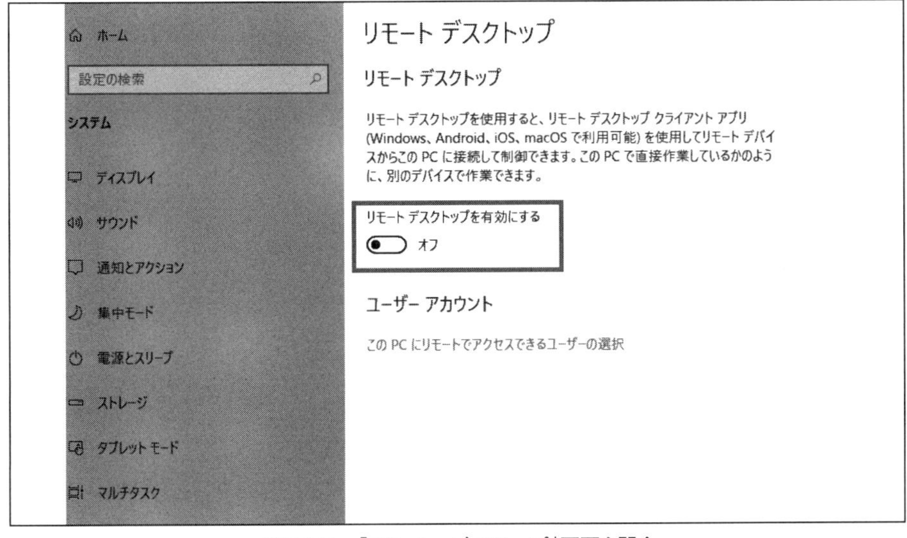

図3-1-9　「リモート・デスクトップ」画面を開く

[5]「リモート・デスクトップを有効にしますか？」というポップアップが表示されるので[確認]をクリックします。

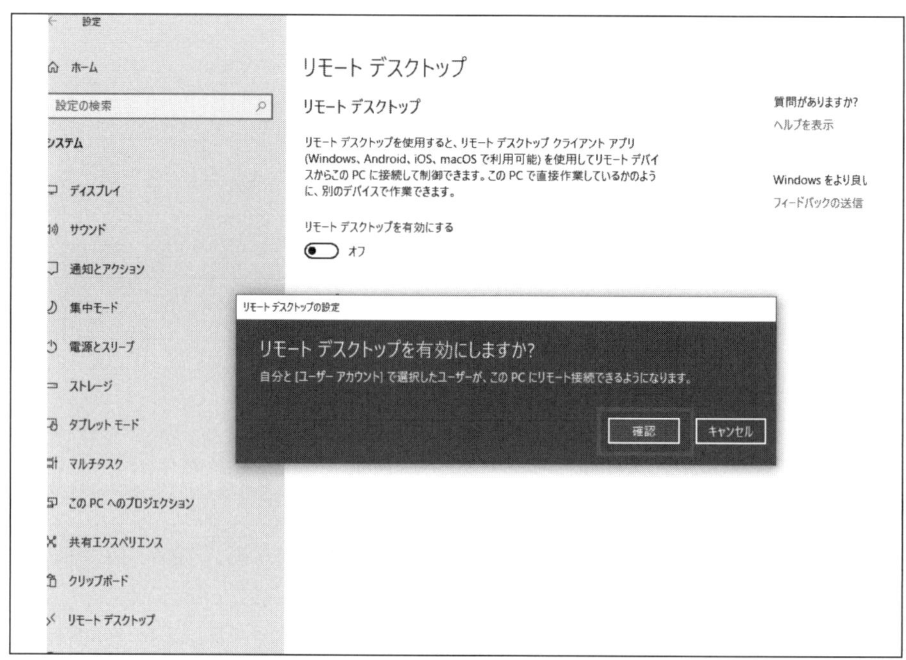

図3-1-10　[確認]を押す

[6]「リモート・デスクトップ機能」が有効になりました。

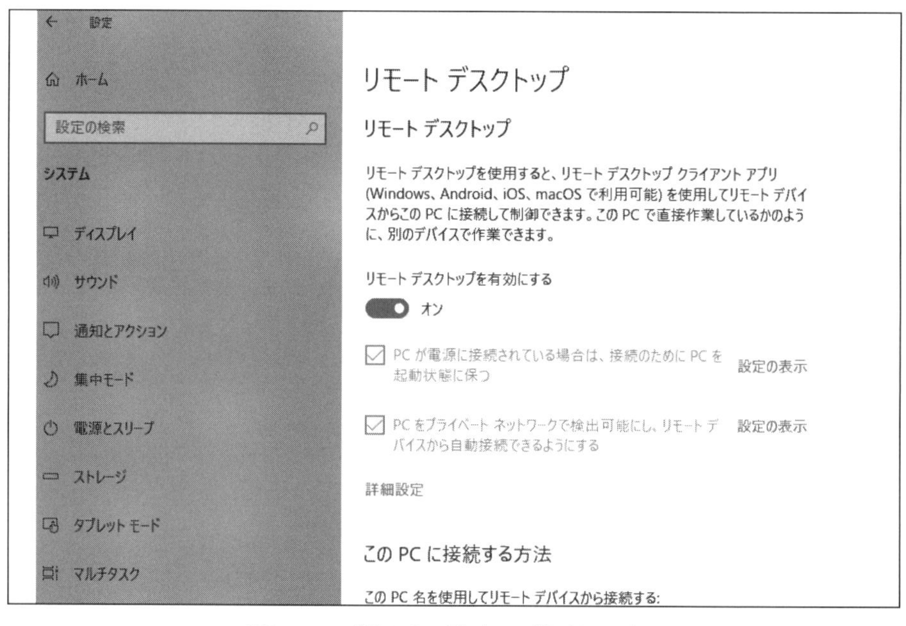

図3-1-11　「リモート・デスクトップ」がオンになる

次に接続する側の「Windows 7」で「リモート・デスクトップ接続」機能を起動して「相手PC」に接続します。

[手順]　「リモート・デスクトップ」の接続

[1][スタート]ボタンを押してメニュー画面を開きます。

[2][すべてのプログラム]を開いて[アクセサリ]を選び、その中から[リモート・デスクトップ接続]をクリックします。

[3]「リモート・デスクトップ接続」というポップアップが表示されるので、左下の[オプションの表示]をクリックします。

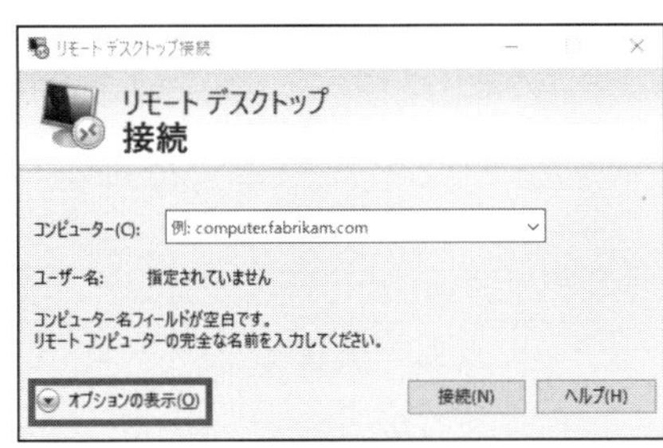

図3-1-12　[オプションの表示]をクリック

[4][コンピュータ(C)：]に「相手PC」の名前か「IPアドレス」を、[ユーザー名：]に「相手PC」のユーザーの「アカウント名」をそれぞれ入力します。

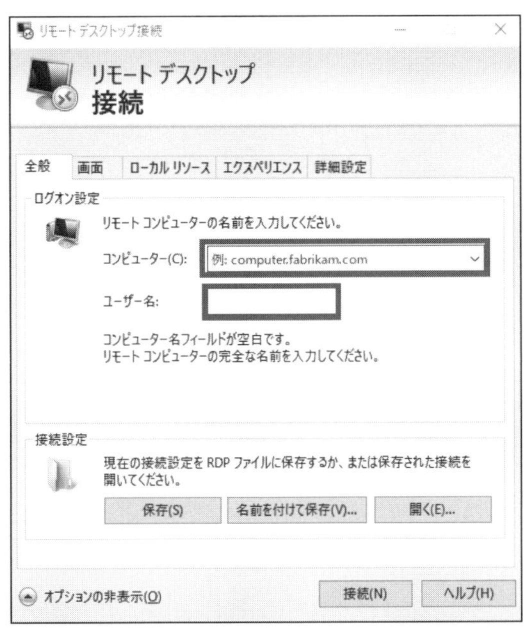

図3-1-13「IPアドレス」と「ユーザー名」を入力

[5]右下の[接続]ボタンをクリックします。

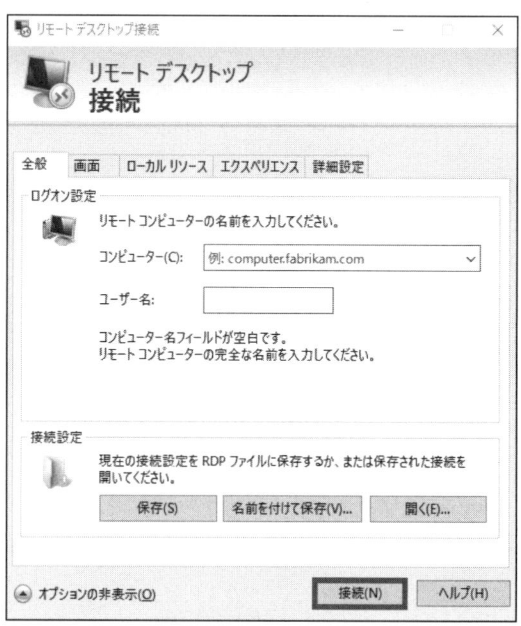

図3-1-14　[接続]を押す。

[6]「資格情報を入力してください」というポップアップが表示されるので、「接続側PC」の「ユーザーアカウント」のパスワードを入力します。

[7]「相手PC」を「接続側PC」の画面で操作できるようになります。

▼もし接続できない場合は、接続される側のPCで「ファイアウォール」の設定を確認。

▼「Windows10」の場合は、右ページの手順で確認できる。

以上が「リモート・デスクトップ」の接続方法です。

[手順]　「ファイア・ウォール」の設定の確認

[1]「メニュー画面」から[Windowsシステムツール]を選び、その中の[コントロールパネル]をクリックします。

図3-1-15　[コントロールパネル]をクリック

[2][システムとセキュリティ]をクリックします。

図3-1-16　[システムとセキュリティ]をクリック

[3][Windows Defender ファイア・ウォール]をクリックします。

図3-1-17　[Windows Defender ファイア・ウォール]をクリック

[4]左端の[Windows ファイア・ウォールを介したアプリまたは機能を許可]をクリックします。

図3-1-18　[Windows ファイア・ウォールを介したアプリまたは機能を許可]をクリック

[5]「アプリ」のリストが表示されるので「リモート・デスクトップ」を探します

[6][パブリック]のチェックが外れていたら、[パブリック]にもチェックを入れて右下の[OK]ボタンを押せば、終了です。

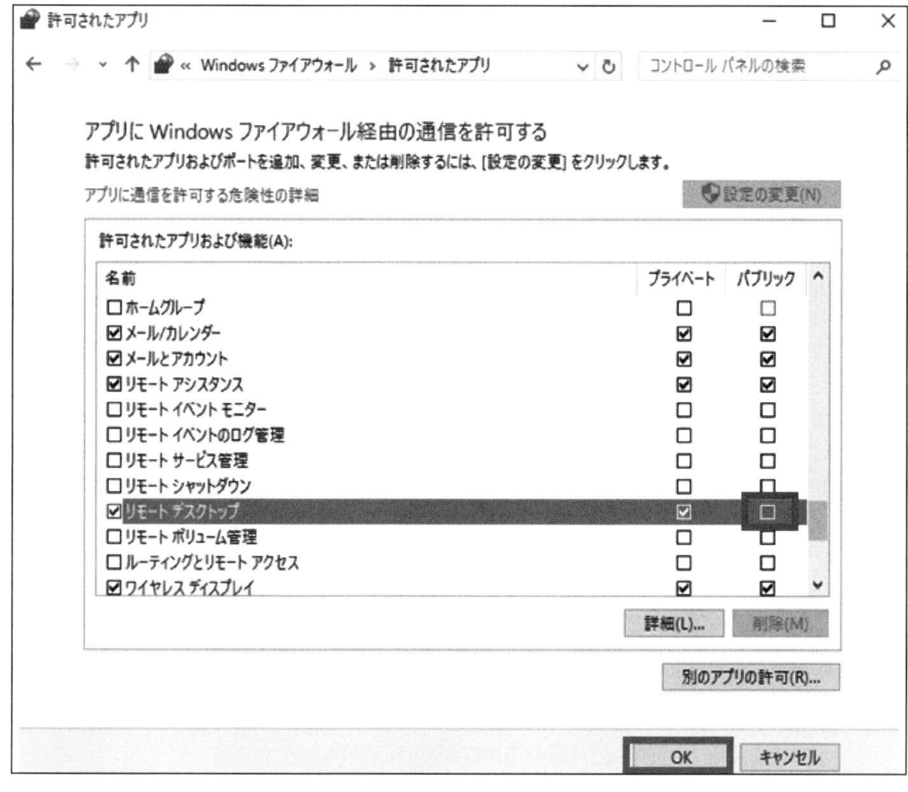

図3-1-19　[パブリック]にチェックをつける

「ファイア・ウォール」の設定を確認しても接続できない場合は、接続される側のPCが「スリープ・モード」や「休止状態」などの「常に通電していない」状態になっている可能性があります。

＊

その場合は、接続される側のPCの「電源設定」を変更してみてください。

以下の手順で、「スリープ・モード」や「休止状態」をなくすことができます。

[手順]　「スリープ・モード」や「休止状態」にならないようにする。

[1]「メニュー画面」を開き、[設定]アイコンをクリックします。

[2]「Windowsの設定」画面から[システム]を選び「ディスプレイ」画面を表示させます。

[3]「ディスプレイ」画面左から[電源とスリープ]を選び、スリープ状態を[なし]に設定します。

図3-1-20　[電源とスリープ]を選ぶ

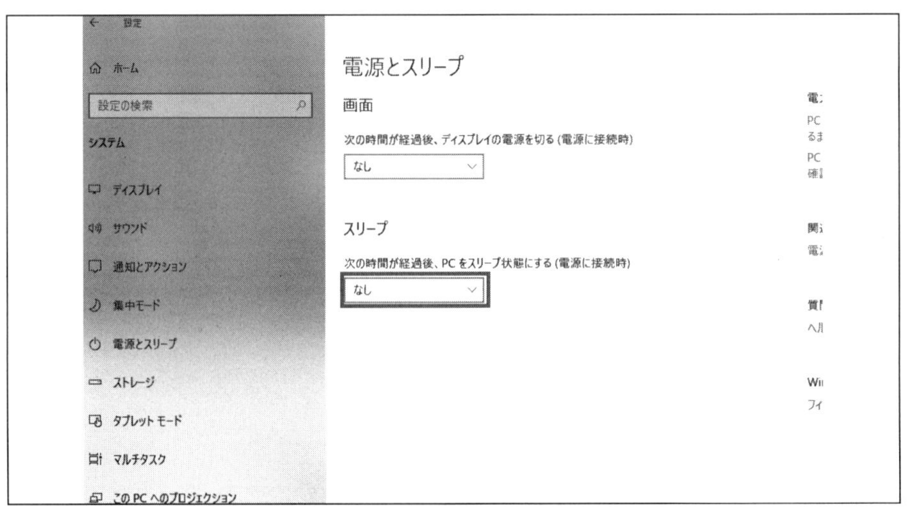

図3-1-21　スリープ状態を[なし]に設定する

[4][電源の追加設定]をクリックします

電源とスリープ

画面

次の時間が経過後、ディスプレイの電源を切る（電源に接続時）

なし

スリープ

次の時間が経過後、PC をスリープ状態にする（電源に接続時）

なし

電力やバッテリー残量を節約する

PC の使用をやめてからスリープ状態になるまでの時間を設定します。

PC の電力の節約に関する詳しい情報を確認する

関連設定

電源の追加設定

質問がありますか?

ヘルプを表示

Windows をより良い製品にする

フィードバックの送信

図3-1-22　[電源の追加設定]をクリック

[5]「電源オプション」画面が開くので、画面左の[コンピュータがスリープ状態になる時間を変更]をクリックします。

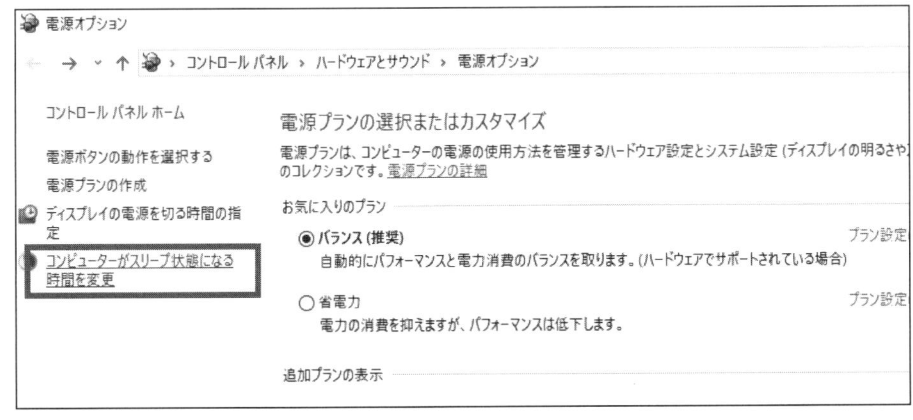

図3-1-23　[コンピュータがスリープ状態になる時間を変更]をクリック

[6]「コンピュータをスリープ状態にする」が[適用しない]になっていることを確認して、[詳細な電源設定の変更]をクリックします。

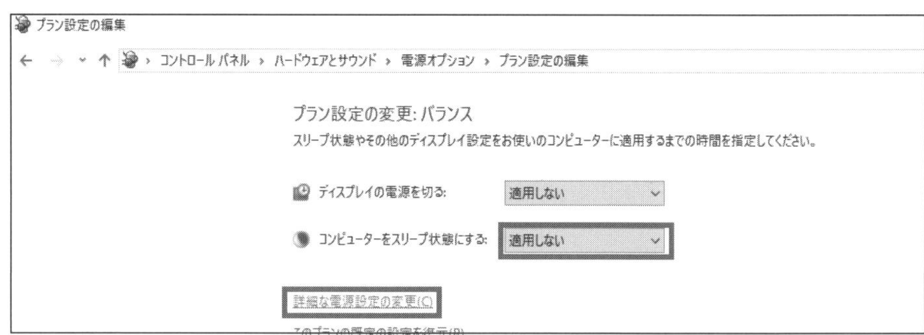

図3-1-24　[適用しない]になっているのを確認の上、[詳細な電源設定の変更]をクリック

[7]「電源オプション」画面が開くので、「詳細設定」タブの「スリープ」の項目をそれぞれ図のように設定します。

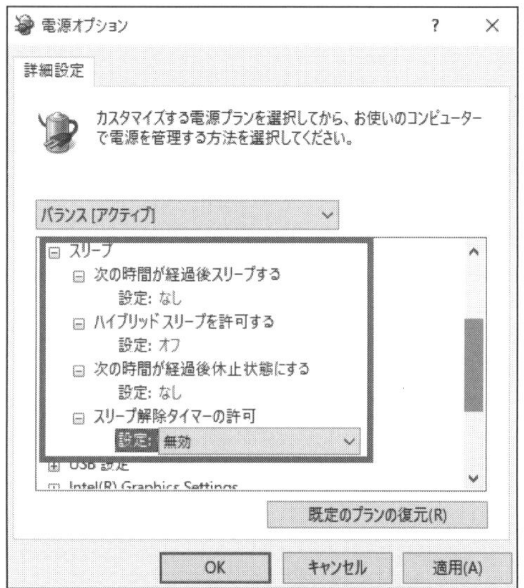

図3-1-25　「スリープ」の各項目を設定

[8][OK]を押して完了です。

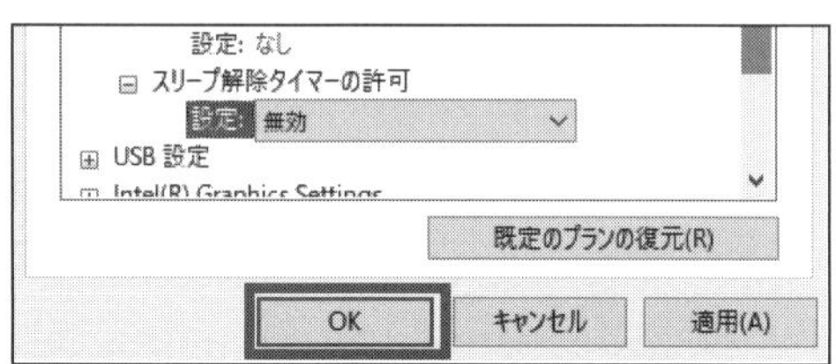

図3-1-26　「電源オプション」の設定完了

「Windows10」に移行できないPCの使い道

「Windows10」に無償でアップグレードできる期間は2016年7月29日で終了しました。
これを過ぎた現在、アップグレードは「有料」です。
でも、なんでもかんでも「Windows10」にする必要はない、と思います。
特に「Windows10」に移行できない、移行すると厳しいような「古いパソコン」なら、なおさらです。
では、そんな「古いパソコン」の「使い道」について、その活用方法を紹介しましょう。

著者■じゅんぼう
サイト名●「処分か？再生か？パソコン・スマホの格安運用法！」
URL●https://lifeisbeatfull.com/2495.html

■パソコンに必ず存在する「サポート期限」というシロモノ

世のパソコンのほとんどが、Microsoft社の「Windows」です。
そのシェア、およそ9割。

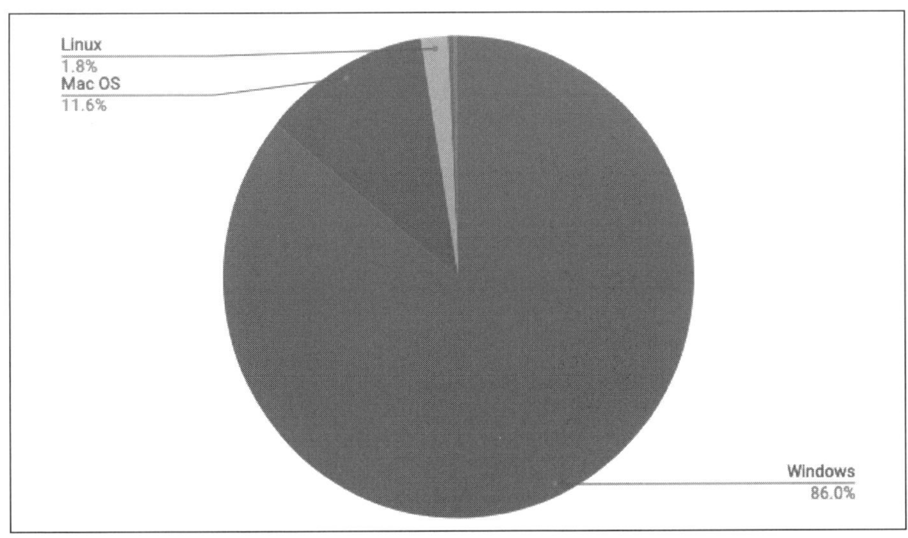

図3-2-1　デスクトップOSのシェア（2019年9月時点）

独占禁止法って何よ、と言わんばかりの恐ろしいシェアを誇っていますね。

残りのシェアの大部分が「Mac」。
Apple社の「Mac」です。

スマートフォンのモバイル部門では、Google社の「Android」と熾烈なトップシェア争いを繰り広げている「Apple」もパソコン部門では、これだけの差があります。

＊

「パソコン」や「スマホ」などには、必ず「サポート期限」というものが存在します。

「サポート期限」を過ぎても、即「使えない」ということはありません。

「普通」に起動するし、使うことができます。

しかし、「ウィルス」に感染する確率が飛躍的に高まるので、サポートの切れた「OS」は使わないほうが得策です。

では、サポートが切れたOSや間もなく切れるOSはどうすればいいか。

答は簡単。

「新しいOSにアップグレードするか、新しいOSが入ったパソコンを買いなさい」

これが商用OSメーカーの「Microsoft」や「Apple」の回答です。

「そうだけど、今使ってるパソコンは、まだまだ使えるんだけどなあ……」

そんな人は、今使っているパソコンをこんな方法で使い続けてみてはどうでしょう。

■こんなにある！サポートの切れたパソコンを使い続ける方法

パソコンのサポートが切れたからといって、それはパソコンの中身の「OS」のサポートが切れるだけです。

パソコン自体が使えないワケではありません。

そんな「まだ使えるパソコン」を使い続ける方法は、これだけあります。

■無料OSの「Linux」をインストール

無料で入手できて、ずっと使い続けることができ、「Windows」と変わらない操作で違和感なく使える、「Linux」（リナックス）というOSを使う。

「Linux」の中でも、特に使いやすい「Ubuntu」（ウブンツ）というOSならば、かなり使いやすくて、オススメです。

図3-2-2 「Ubuntu」デスクトップ画面

もちろん、「Linux」にも「サポート期限」はあるのですが、「Linux」は基本的にどのバージョンであっても「無料」で使えるので、「新しいバージョン」を入れればいいだけです。

さらに使いやすい「Ubuntu」ならば、パソコンの性能に合った軽いバージョンなど、いくつも種類があるので、性能が低くても、それに「合わせる」ことが可能です。

■「Chrome OS」の無料版「Chromium OS」をインストール

「Google」のOS、「ChromeOS」(クロム)の無料版「ChromiumOS」(クロミウム)を入れてパソコンを「ChromeOS」化する。

これもオススメです。

「ChromeOS」は、基本的に「ブラウザ」だけのOSですが、そのぶん、非常に動作が軽いです。

「ブラウザしかないんじゃ、使えないでしょ?」と思うかもしれません。
私も実際、そう思っていました。

ですが、使ってみると「ChromeOS」の良さが分かります。
ブラウザだけでできることって、実はだいたいのことを網羅しているのに気付かされます。
インストールできるパソコンが少ないのが、たまにキズです。

■「Android X86」をインストール

「Google」のスマホやタブレット用のモバイルOS「Android」のパソコン版、「Android X86」をインストールして、パソコンを「Android」化する。

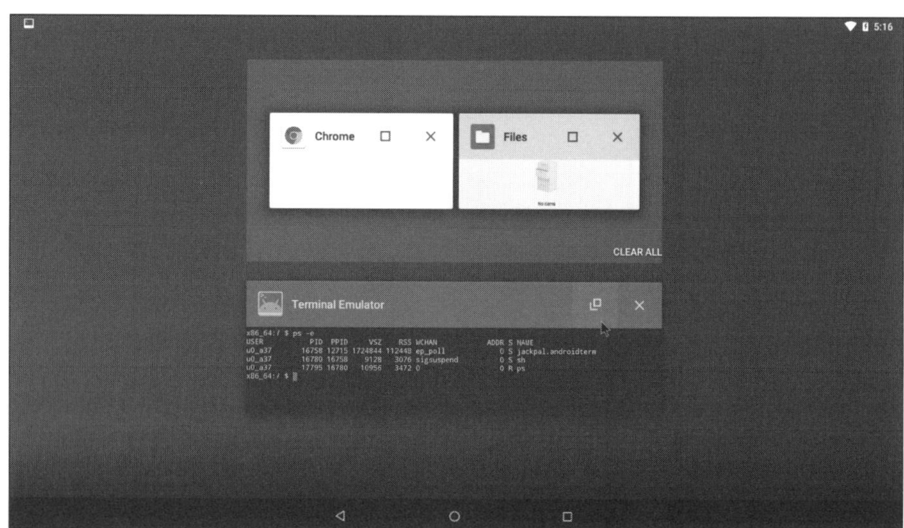

図3-2-3　「Android X86」の操作画面

これはなんと言っても、「Android」用の豊富な「アプリ」を、「Google Play」から手軽にインストールして、パソコンで利用できることが楽しいです。

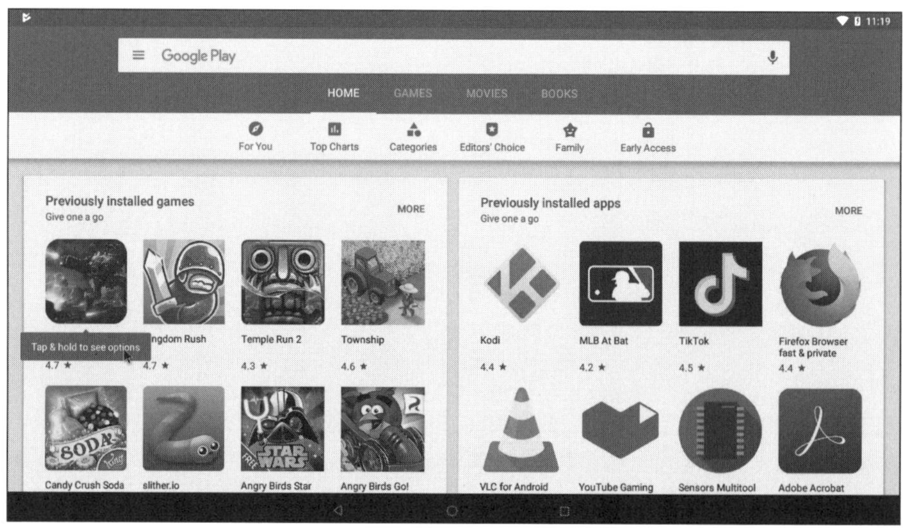

図3-2-4　「Google Play」から「アプリ」をインストールできる

パソコンにインストールできる「Android」のバージョンがいくつかあり、これがけっこう頻繁に変わります。

2020年1月時点で、

Android 9.0
Android 8.1
Android 7.1
Android 6.0

などなどです。

バージョンやパソコンとの相性によって、不具合が出ることもあるので万人向けではありませんが、まともに動けばかなり楽しいです。

■「Windows10」に移行できないパソコンにオススメ！

すでにサポート期限の過ぎた「WindowsXP」、現役のOSでありながら「Windows10」にアップグレードできるOSから外された「WindowsVista」などが入っているパソコンの使い道としては、かなりお勧めの方法です。

また、「Windows7」が入っていても「Windows10」にアップグレードするのがためらわれるようなパソコンもありますね。

そういったパソコンが余っているならば、下記の方法でOSを入れ替えて遊んでみたり、子供専用のパソコンにしてみたりしたら、活用の幅が広がるので、ぜひ試してみてください。

3-3

古いノートPCに「LinuxのBasix4.0」を導入して再活用

もともとWindows Vistaが入っていた古いノートPC、「レッツノートCF-T7」。Windows7のサポートは終了したし、Windows10へのアップグレードは無理そうなので、最新の無料OSを導入してみることにしました。

著者■じゅんぼう
サイト名●「処分か？再生か？パソコン・スマホの格安運用法！」
URL●:https://lifeisbeatfull.com/

「レッツノートCF-T7」という古いノートPC

■「Windows7のサポート終了」で何を動かすか

安定した動作で、長期に渡り使われてきた人気OSのWindows7のサポートが終了しました。

ハード性能的に「Windows10」にアップグレードすることは無理な古いノートPC（レッツノート）が家に転がっていたので、これに最新の無料OS（もちろん、「Linux」）を導入できるのかを試してみました。

＊

まずは、「レッツノートCF-T7」の外観とスペックを簡単に見ていきます。

▼「レッツノート」は、衝撃に強く、多少凹んでも使い続けられる耐久性があるマシン。持ち運びが多い、ビジネスマンに人気。

図3-3-1
液晶画面を閉じたところ。ボディに少し凹みがある

図3-3-2　キーボードやタッチパッド

図3-3-3　全体の外観。ビジネスマンには人気がある

自分のブログには何度か登場している「CF-T7」。

ボディの天板に凹みはあるものの、比較的きれいで、動作にも問題はありません。

《CF-T7のマシンスペック》

OS：　Windows Vista Business 正規版（Windows XP ダウンロード権含む）
寸法：　272×214.3mm
液晶サイズ：　12.1型
液晶解像度：　XGA　1024×768ドット
質量：　約1179g／約1060 g 別売 軽量バッテリーパック使用時
外形寸法：　幅・272 mm　×　奥行・214.3mm　×　高さ・24.9mm（前部）45.3mm（後部）
CPU：　インテル Core2 Duo プロセッサー低電圧版 U7500 1.06GHz
チップセット：　モバイル インテル GM965 Express チップセット
無線LAN：　インテル Wireless WiFi Link 4965AGN、IEEE802.11a J52/W52/W53/W56 /b/g 準拠
メインメモリ：　標準1GB DDR2 SDRAM　最大2GB）　空きスロット1
ビデオメモリ：　最大251MB/メモリ増設時最大358MB
拡張メモリースロット：　DDR2 200ピンSO-DIMM 専用スロット×1（1.8V/PC2-4200/ DDR2 SDRAM）
ハードディスク：　80GB（2.5型）

メモリは最大2GBとなっていますが、ウチの「CF-T7」は1枚2GBのメモリに差し替えることで（ちゃんと認識した）、3GBにカスタマイズしています。

＊

メモリは3GBにアップしているものの、標準搭載していたOSは、「Windows7」どころか、その前の「Windows Vista」が「XP」ダウンロード権付きで付属していたことを考えると、もしかしたら、「Vista」ではなくて「XP」で利用されていたものかもしれません。

となると、さすがに「Ubuntu」の最新LTS版である本家「Ubuntu18.04」では、動作は厳しい……。

＊

　ということで、その軽量カスタマイズ版である、「Basix4.0」の導入に挑戦してみます。

　「Basix4.0」のベースとなっているのは、「Ubuntu18.04」なので、本家「Ubuntu」と同じくサポート期間は安心の５年間あります。
　2018年4月から2023年4月までセキュリティ・アップデートが提供される予定なので、安心して使うことができます。

　導入するOSも決まったので、さっそく始めてみましょう。

インストール準備

　「CF-T7」にはDVDドライブが付いていないので、「USBメモリ」を使ったインストール方法で紹介します。

■インストールに必要なもの

・USBメモリ
・「UNetbootin」などのソフト
・「OS（Basix4.0）」の「ISO」ファイル

　「USBメモリ」以外は、すべて無料で手に入ります。「USBメモリ」も、不要になった、自宅に転がってるようなものでいいと思います。

図3-3-4　DVDドライブがないPCは、USBメモリを使ってインストールする

私の場合、USBメモリは、自宅に余っていたシリコンパワー製のUSB3.0対応16GBメモリを使いました。

★「UNetbootin」を使って「Basix4.0」をインストールするためのISOファイルをUSBメモリに書き込む

→「超便利！ Puppy LinuxをUSBメモリにインストール！ UNetbootinを使おう」
https://lifeisbeatfull.com/1648.html

★「Basix4.0」のISOファイルについて

→外部リンク「ライブCDの部屋」
http://simosnet.com/livecdroom/

[手順]　インストールの流れ

[1] USBメモリを用意する。
[2] 別のパソコンでOS（Basix）の「ISOファイル」を作り、USBメモリに書き込む。
[3] そのUSBメモリから「Basix」を起動する。

■電源投入の前に

「Basix」の「ISOファイル」が書き込まれた「USBメモリ」を用意できたら、それを使ってOSをインストールしますが、「CF-T7」の電源を入れる前に、図3-3-5〜8を確認しておきましょう。

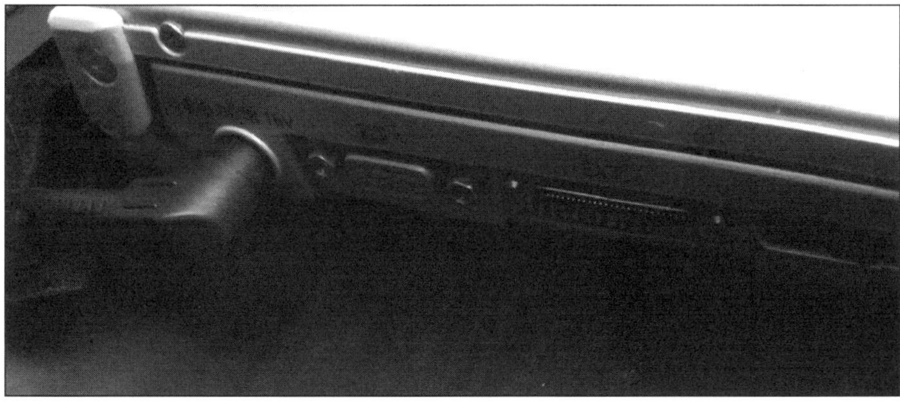

図3-3-5　ACアダプタよし!

▼「無線LAN」や「無線マウス」などコードレス化が進むが、LANケーブルや有線マウスを用意しておくと、トラブルがあったときに即座に対応できる。

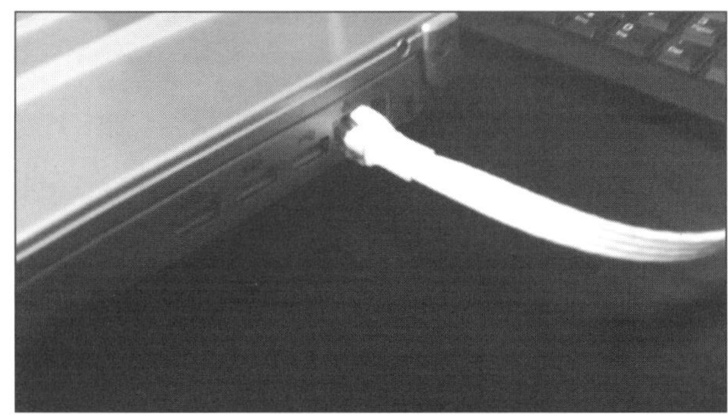

図3-3-6　有線LAN接続OK！

図3-3-7　USBメモリ接続良好!

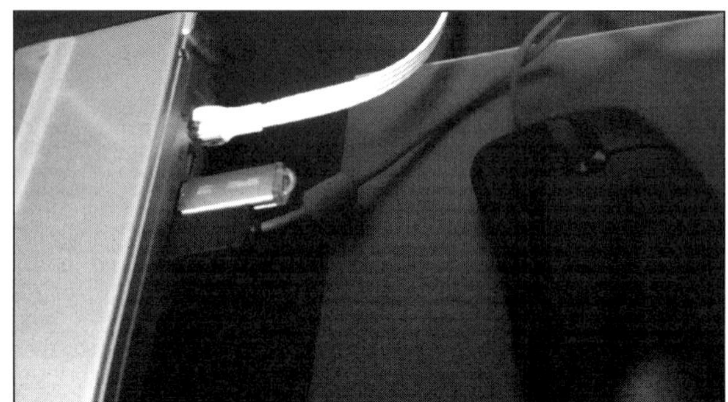

図3-3-8　有線マウスドッキングGO！

最近のLinuxは、ハードの認識力が格段に上がったので、大丈夫だとは思いますが、まれに……

無線LANを認識しない。

無線マウスを認識しない。

といったことがあります。

　インストール途中に無線デバイスを認識しなくなったりしたら、操作もままならず、どうすればいいか分からず、止むなく、禁じ手の強制電源OFF！……になることもあります。
　ですから、それらを防ぐための有線接続でもあります。

　また、「ACアダプタ」は、必ず接続しておいてください。インストール途中にバッテリ不足で電源OFFなんてことにならないように……。

BIOSの設定をしよう

■BIOS設定画面に入るには

　インストール準備がすみ、「USBメモリ」や「有線LAN」、「ACアダプタ」などをつないだら、電源を入れます。
　このとき、「BIOS設定画面」を出すような電源の入れ方をします。

＊

「BIOS設定画面」に入るためには、電源投入時の数秒の間に、特定のキーを押し続けます。
　特定のキーは機種（メーカー）によってマチマチですが、よく使われているのが［F2］キーです。

図3-3-9　電源投入時に［F2］キーを押し続ける

　この「CF-T7」も、［F2］キーを押せば「BIOS設定画面」に入ります。

■BIOS設定作業

　では、作業を進めていきます。
「電源ON」で［F2］キー（「CF-T7」の場合）を押すと、
BIOS設定画面に入ることができます。
　本当に一瞬なので、慌てないように。

▼特定キーの受付時間は電源投入後の数秒間。
　一瞬なので、あらかじめ押すキーを確認し、心の準備をしておかないと、スルーされてしまうこともある。
　事前にその機種のBIOSの入り方を調べておく。

図3-3-10　［F2］キーを押しながらリセットボタンを押すのもあり

さて、「BIOS設定画面」に入ったら、キーボードの矢印キーで上部のタブを操作して、「起動」という項目に合わせます。

そこで認識されているUSBを上に移動して、最上位の位置にもってきます。

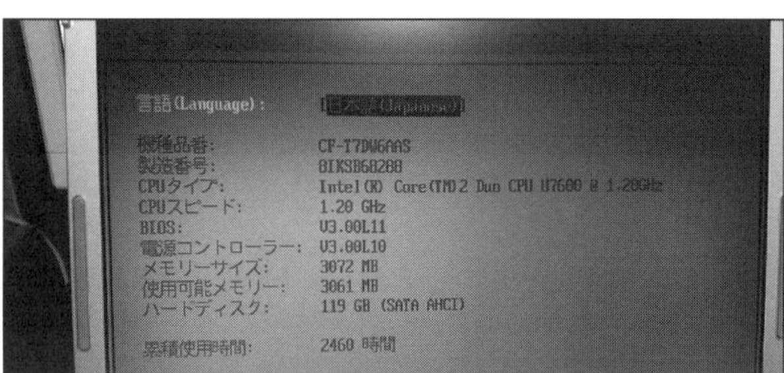

図3-3-11　「BIOS設定画面」に入った

図3-3-12　OSの起動デバイスをUSBメモリに替える

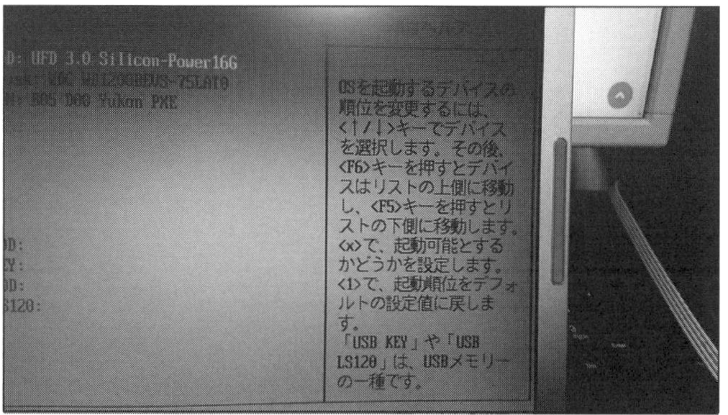

図3-3-13　分かりやすく説明も書いてある

＊

その作業を終えたら、最後にタブをさらに右に移動して、「終了」から「設定を保存して終了」を選択し、「Enter」キーを押して「BIOS設定画面」から抜けてください。

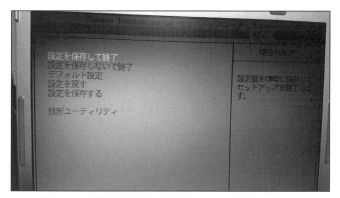

図3-3-14　「設定を保存して終了」でBIOSの設定から抜ける

［Enter］キーを押したら、すぐに再起動がかかり、いよいよ「LinuxOS」（Basix4.0）が別のOSとして起動開始します。

インストール開始

■起動

再起動の後に、「USBメモリ」から「Basix4.0」が起動します。

まずはこの画面が出ます。

そのまま待っていてもいいし、すぐに起動したいときは、そのまま「Enter」キーを押してください。

▼上下させる方法については、機種によってマチマチですが、ほとんどの機種では、画面右側に操作方法が表示されているので、迷うことはないでしょう。

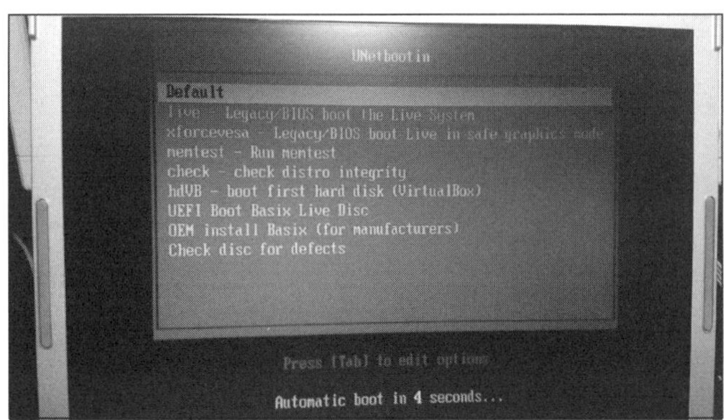

図3-3-15　まずはこの画面が出る…。

続いてこの画面。OSのロゴが登場し、期待に胸が高鳴る一瞬です。
しばらく待たされた後、ようやく「Linux、Basix4.0」の画面が登場します。

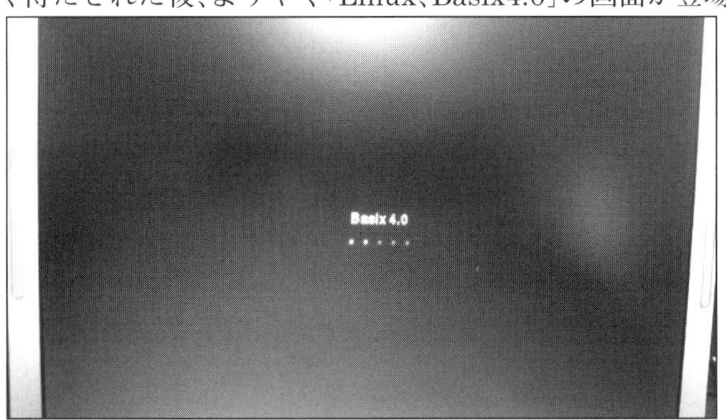

図3-3-16　「USBメモリ」から「Basix4.0」が起動する

▼「SSD」や「HDD」と違って、「USBメモリ」へのアクセスは遅いため、起動に時間がかかる。古いタイプ、安いタイプの「USBメモリ」ならさらに遅い。

図3-3-17　「Basix4.0」のデスクトップが表示された

今の状態は、あくまでUSBメモリからの起動なので、実際の動作はけっこうもっさりしていて、機種によっては遅く感じるかもしれません。

が、ハードディスクにインストールしてしまえば、本来の速度で動作します。

■インストール

では、さっそく左上のアイコン「Basix4.0をインストールする」をダブル・クリックで開き、インストーラを起動させてインストールしていきましょう。

＊

日本語が選択されています。
「続ける」をクリック。

他の言語が文字化けしていますが、「Basix」は軽量化のために、他の言語のフォントを省いているからです。
何も問題ありません。

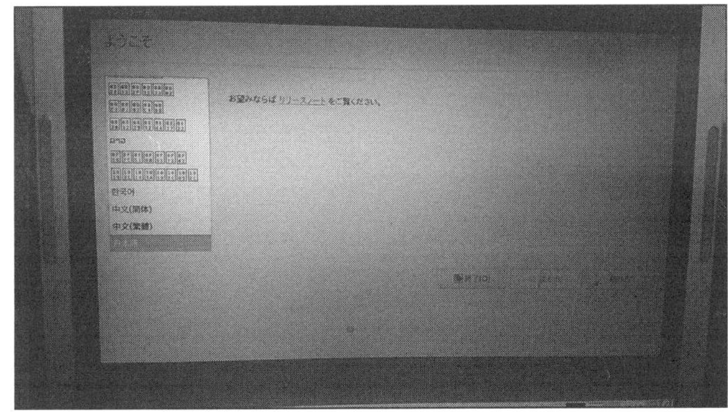

図3-2-18　他の言語が文字化け

「日本語」→「日本語」が選択されています。「続ける」をクリック。

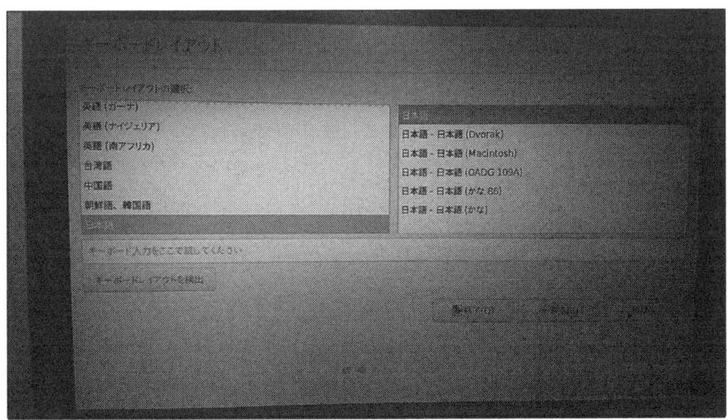

図3-3-19　続けるをクリック

「Basixのインストール中に、アップデートをダウンロードする」
「グラフィックスとWi-Fiハードウェアと追加のメディア～

の両方にチェックを入れてから、「続ける」をクリックします。

こうすることで、インストール直後の大規模アップデートの時間を短縮できます。

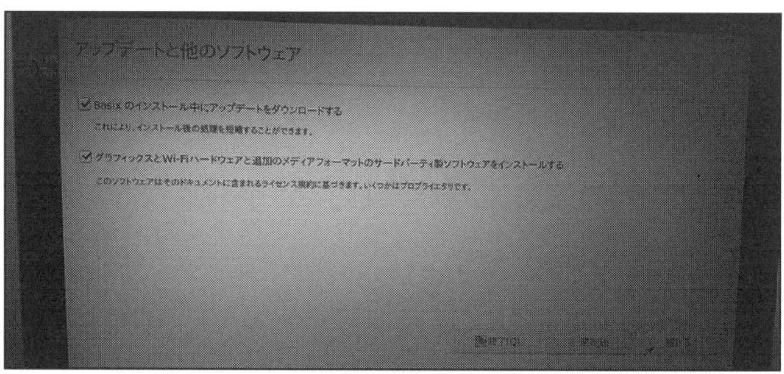

図3-3-20　インストール中にアップデートのダウンロードをしておけば効率アップ

ここは重要なポイントです。

このパソコンに、すでにインストールされているOSがある場合、いくつかの選択肢があります。

「デュアル・ブート」といって、別のOSと共存してパソコン起動時に選択できるようにすることも可能ですが、失敗すると、入っているOSを消去してしまったり、起動不可にさせてしまうことがあります。

今回は、「CF-T7」を「Basix4.0」専用機にするつもりなので、「ディスクを削除してBasixをインストール」を選択し、「インストール」をクリックします。

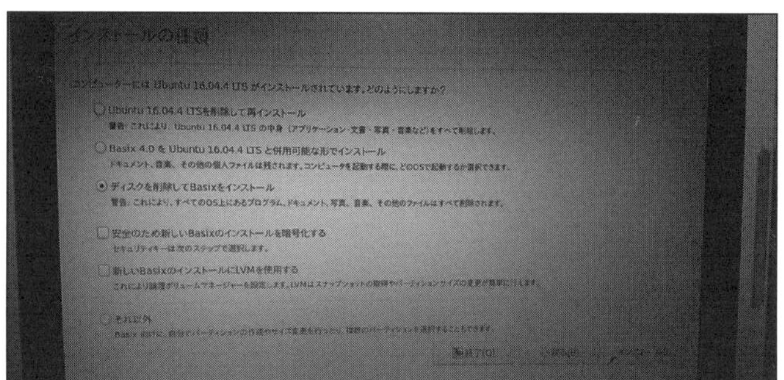

図3-3-21　内蔵のディスクをまっさらにしてからインストールする

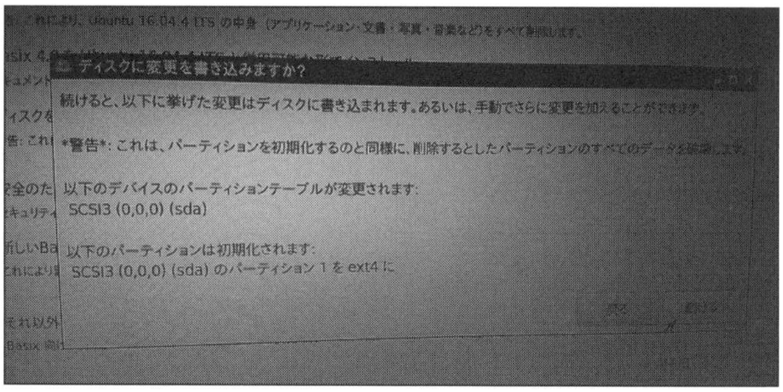

図3-3-22　ちょっと恐ろしげな警告が出るが、「続ける」をクリック

たとえ、「OSAKA」在住だろうと「FUKUI」在住だろうと、日本国内はすべて「TOKYO」在住らしいです。そのまま「続ける」をクリック。

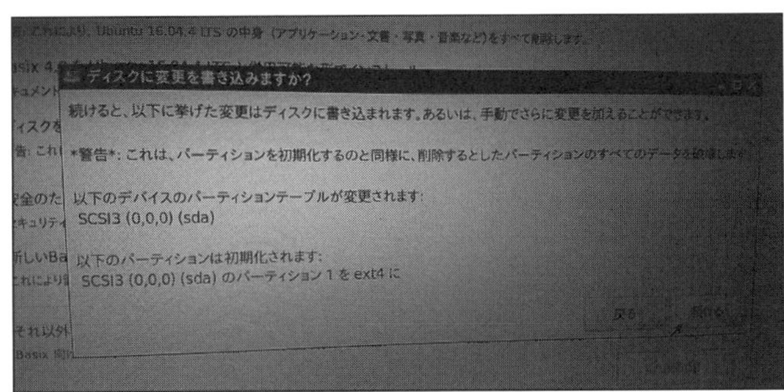

図3-3-23　「Tokyo」しか選べないのでそのまま「続ける」をクリック

「あなたの名前」に任意の名前を入力すると、「コンピューターの名前」も自動で入力されます。

好きな名前を入力してください。

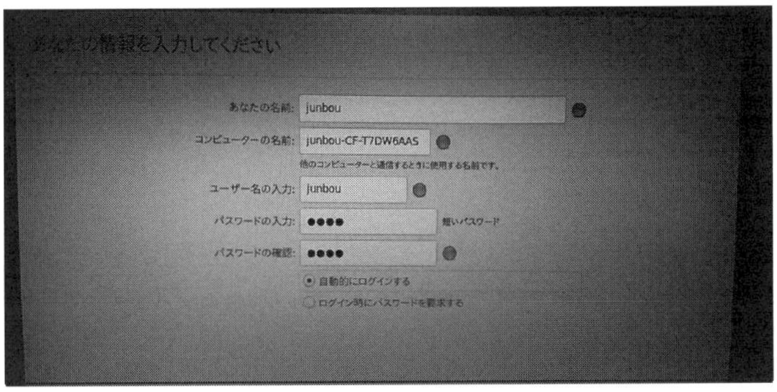

図3-3-24　個人情報を入力

「パスワード」も好きな文字列でOKですが、もしパソコンを自分しか使わず、それも自宅でしか使わないのであれば、パスワードは短いもの、覚えやすいもので大丈夫です。2文字や3文字でも大丈夫です。

入力時にOS側から「パスワードが短すぎる！」と注意されますが、インストール時だけは無視して設定できます。

「Linux」では、「アップデート」や「ソフトのインストール時」などに、頻繁に「パスワード」の入力が求められるので、自宅など物理的なセキュリティなどを気にしない環境ならば、短いパスワードのほうがいいでしょう。

「パスワード」は後で変更することも可能ですが、その際には新しいパスワードが「8文字以上」でないと変更出来ないようになっています。

自宅での利用ならば、最後の「自動的にログインする」にもチェックを入れておくといいでしょう。

＊

ここまで来たら、あとはインストールが完了するのを待つだけです。

画面上のスライドショーを眺めて、ワクワクしながら待ちましょう。

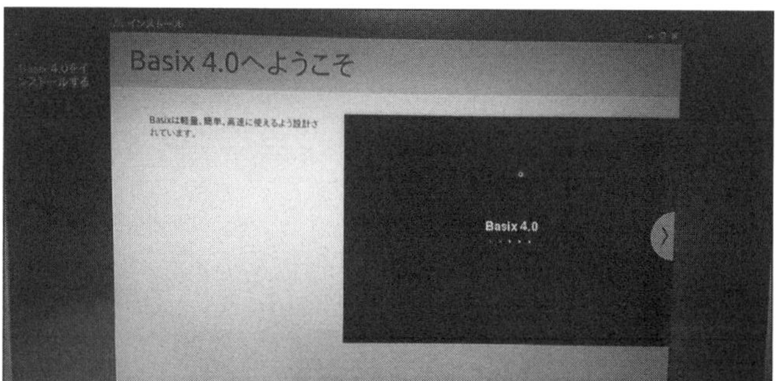

図3-3-25　紹介のスライドショー

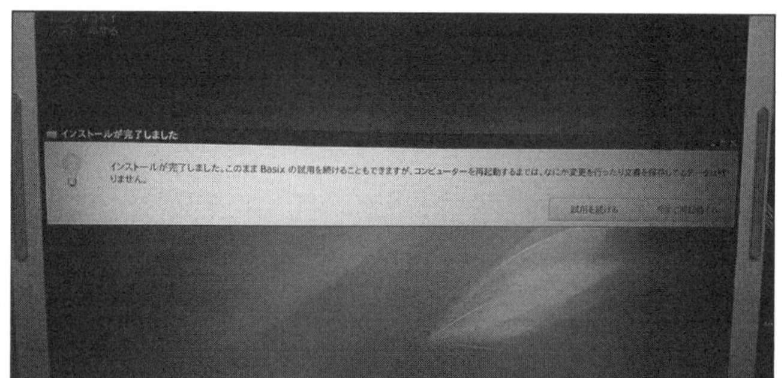

図3-3-26　無事、インストールが完了した

インストールが完了しました。環境や機種にもよりますが、時間にしておおむね１５分くらいでした。

「今すぐ再起動する」をクリックして、再起動させてください。

■再起動してBIOS設定画面を出す

さて、このまま再起動するのですが、つい忘れがちなのが……。

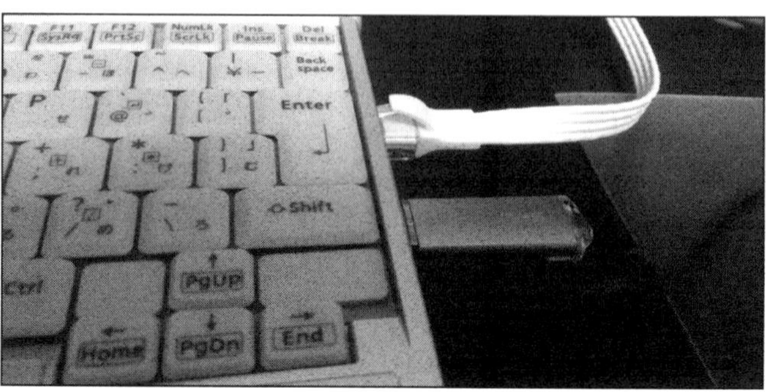

図3-3-27
USBを挿した状態なので、このまま起動すると…

そう、これです。このまま何もせずに再起動を眺めていると、再びUSBメモリから起動してしまいます。

そんなことにならないよう、この再起動後にすかさずすることは、[F2]キーを押すこと！

図3-3-28　[F2]キーを押しながら起動

図3-3-29
起動時にスルーされないように……

ということで、無事に「BIOS設定画面」に入れたら、「ハードディスクからの起動」を一番目にもってきてください。

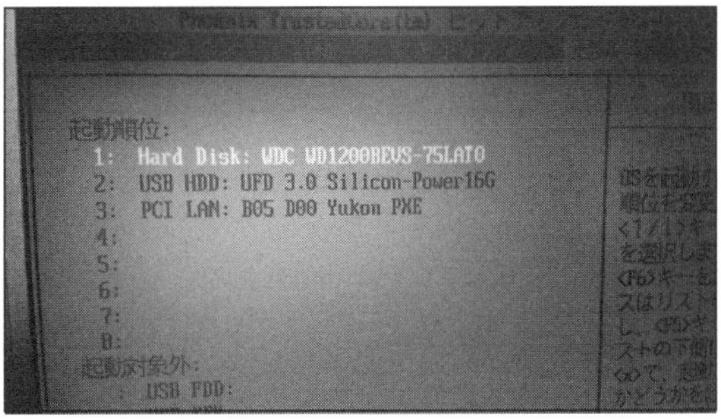

図3-3-30　BIOS設定画面が出たら成功

このまま電源が入った状態でかまわないので、そっとUSBメモリを抜いておきましょう。

図3-3-31　USBメモリを抜いておく

「設定を保存して終了」します。これでもう安心です。

再起動が始まりますが、次からはハードディスクから起動するので、慌てなくて大丈夫です。

図3-3-32　「設定を保存して終了」を選んでBIOS設定画面から抜ける

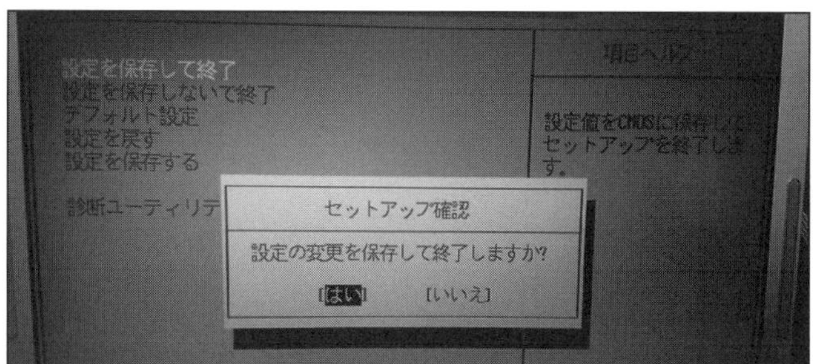

図3-3-33　「はい」を選ぶ

インストール直後のアップデート

■ハードディスクからの起動

▼USBメモリとHDDには同じ環境（Basix4.0）が構築されている。

さて、インストール直後の再起動が終われば、いよいよハードディスクから新しいOSが起ち上がります。

本来の速度でOSが動きます。結果はどうでしょうか、楽しみな瞬間です。

＊

いつもの「Basix4.0」のロゴが表示されてます。

図3-3-34　USBメモリと同じようにHDDから「Basix4.0」が起動

真っ暗な画面が長いこと表示され、一瞬「失敗か？」と焦らせてくれますが、初めての起動時は大体こんなもの。

図3-3-35　あれ？　画面が真っ暗のまま……

はい、無事に「Basix4.0」起動しました。

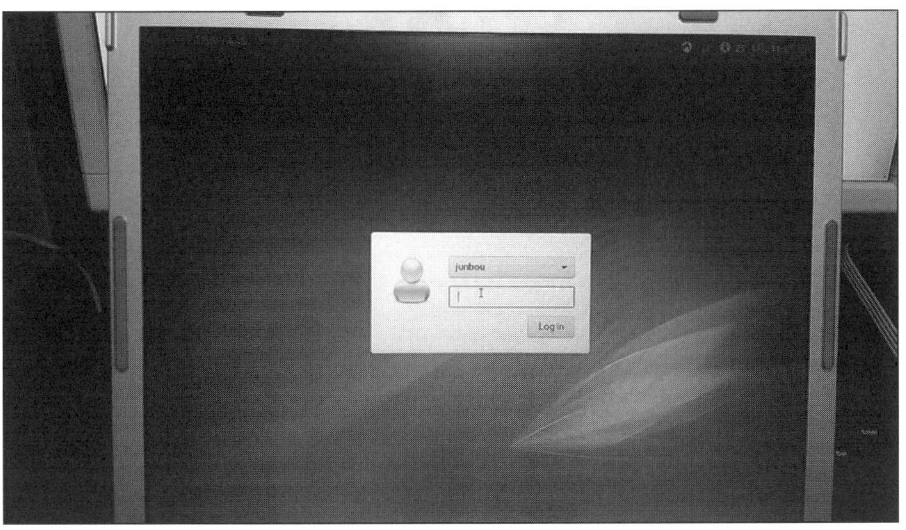

図3-3-36　この画面が出れば一安心

インストール時に設定した「パスワード」を入力して、[Log In]をクリックしてください。

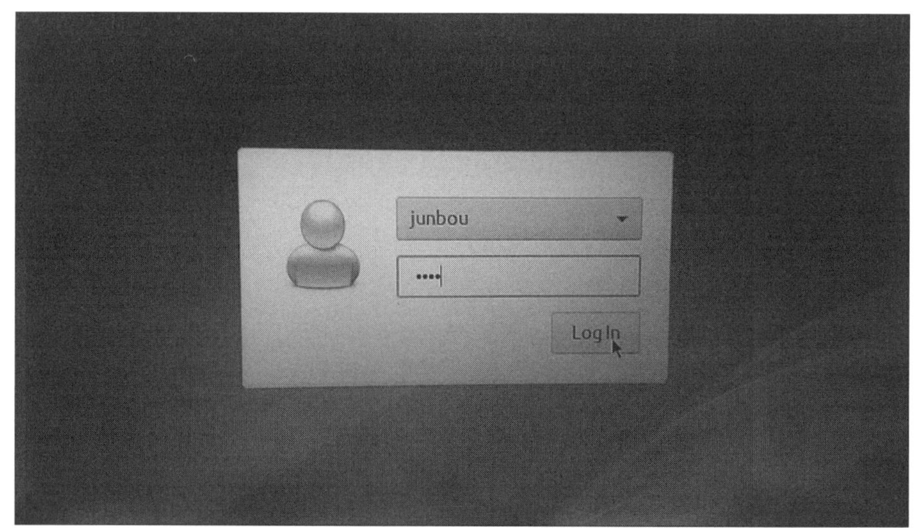

図3-3-37　パスワードを入力

無事にログイン完了。

インストール時に「自動的にログインする」にチェックを入れていれば、次回からは自動ログインされるので、安心してください。

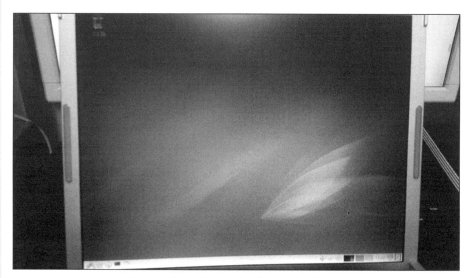

図3-3-38　無事、「Basix4.0」のデスクトップが表示された

■起動後のチェック

まずは、起動直後のメモリ使用量をチェックしてみましょう。

「システムツール」→「タスクマネージャ」をクリックして起動します。

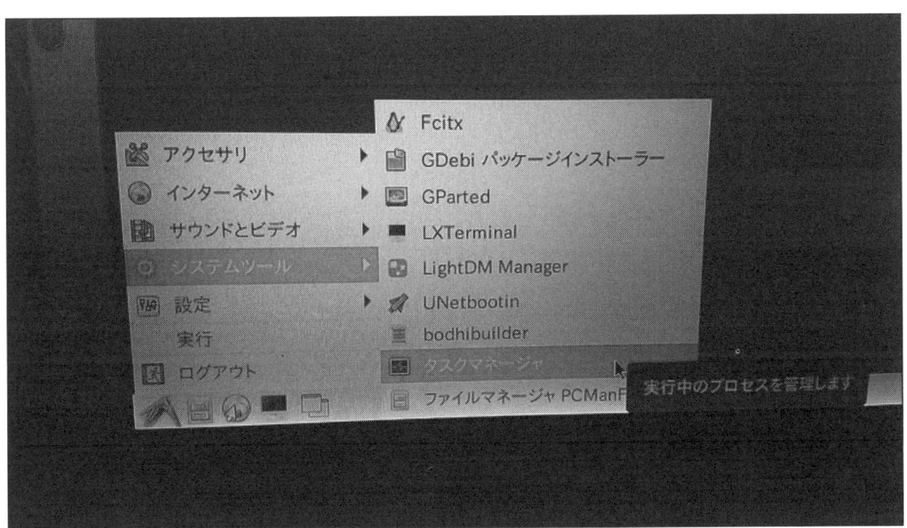

図3-3-39　「システムツール」→「タスクマネージャ」をクリック

ちょっと日本語がアレですが、要するに「3GB中の349MBのメモリを使ってます」ということです。軽い！

Windows10に比べても、かなり軽いです。

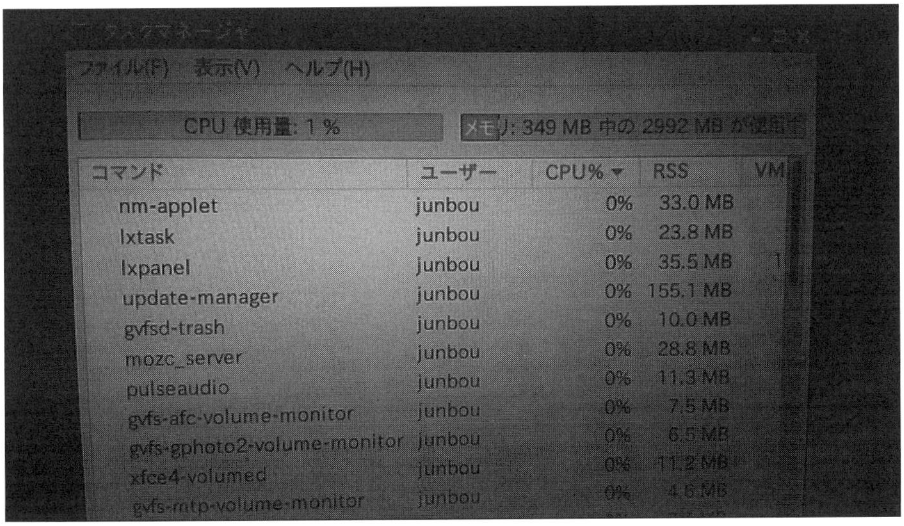

図3-3-40　少し日本語ヘンだが……

■ソフトウェア更新のお知らせ

そうこうしているうちに、画面下部に「ソフトウェアの更新」のお知らせが表示されていました。

いわゆる「アップデート」です。インストール直後は大きなアップデートが必ずくるので、インストールとセットで必ず実施します。

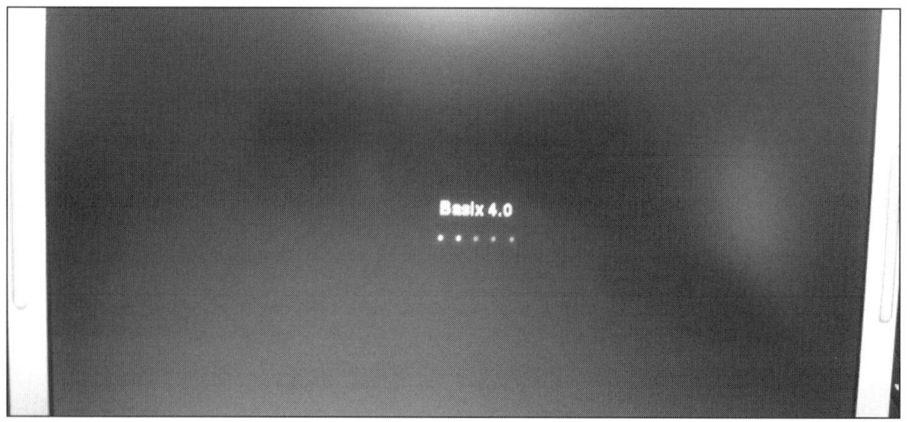

図3-3-41　ソフトウェア更新のお知らせ

「ソフトウェアの更新」がなかなか表示されないこともあります。

そんなときは、左下のスタートメニューから、「設定」→「ソフトウェアの更新」と進み、実行するようにしてください。

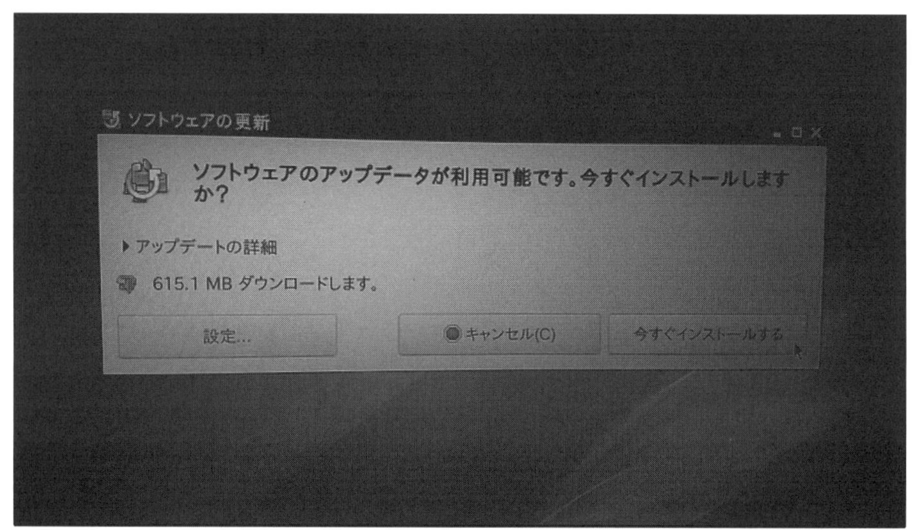

図3-3-42　「ソフトウェアの更新」→「今すぐインストールする」

「認証」のポップアップが表示されるので、インストール時に設定した「パスワード」を入力して、「OK」をクリックします。

すると、アップデートが開始されます。

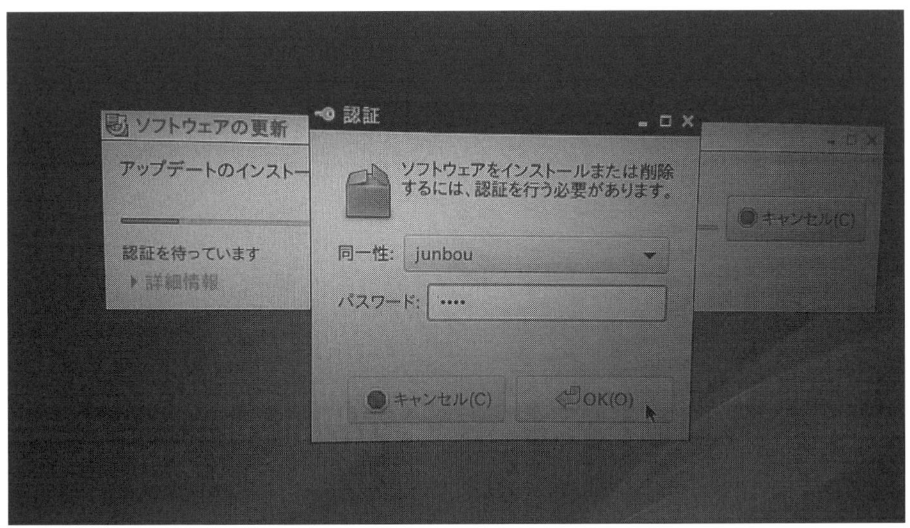

図3-3-43　パスワードを入力

アップデートは当たり前ですが、たとえばOSのリリース直後などはそれほど量もないので、時間もそれほど掛かりません。

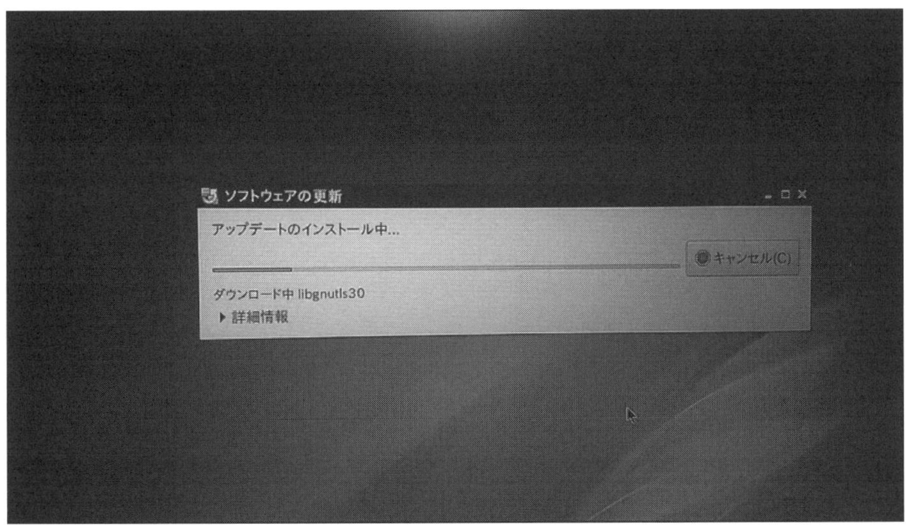

図3-3-44　アップデート開始

■初回のアップデートだけは重たい

この「Basix4.0」は、「Ubuntu18.04」がベースのOSです。

「Ubuntu18.04」がリリースされたのが2018年の4月で、2020年の1月現在で、おおよそ2年近く経過しています。インストール時に「アップデートをインストール」してはいますが、全部ではありません。

そのため、けっこうな量のアップデートがあり、時間もそれなりに掛かります。

インストールよりも、アップデートのほうが時間が掛かりますが、それでも時間が掛かるのは最初のアップデート時くらいで、Windowsに比べれば、非常に短時間で終わります。

ただ、そのまま自動でやってくれればいいのですが、このように大きなアップデート時は選択肢がたびたび出てくるので、その都度止まってしまいます。

＊

今回も、何やら「選択肢」が出てきます。

この選択肢は、適宜自分の環境と照らし合わせながら選択していくものです。

しかし、何を言ってるか分からないものもあります。とりあえず、普通に使う分には「置き換える」でいいでしょう。

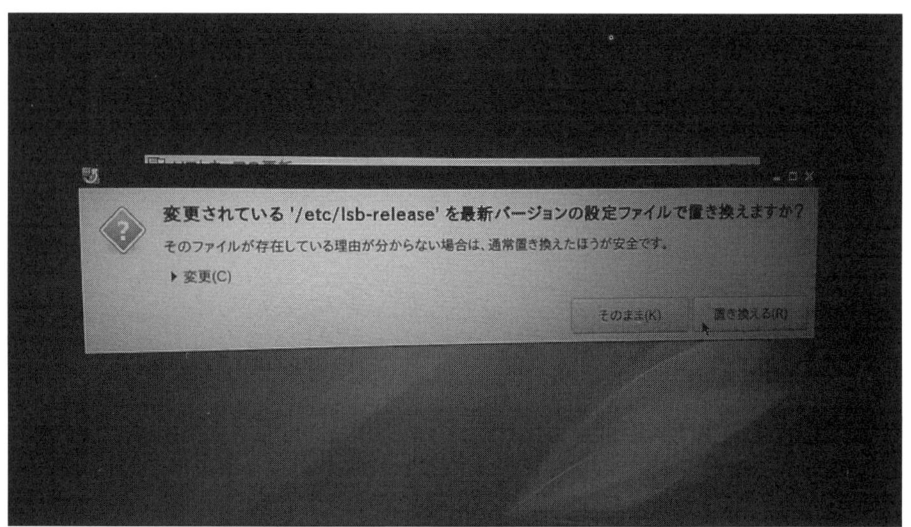

図3-3-45 「置き換える」をクリック

また「選択項目」が出てきます。

カーソルを合わせると説明が表示されますが、正直意味が分からないと思います。

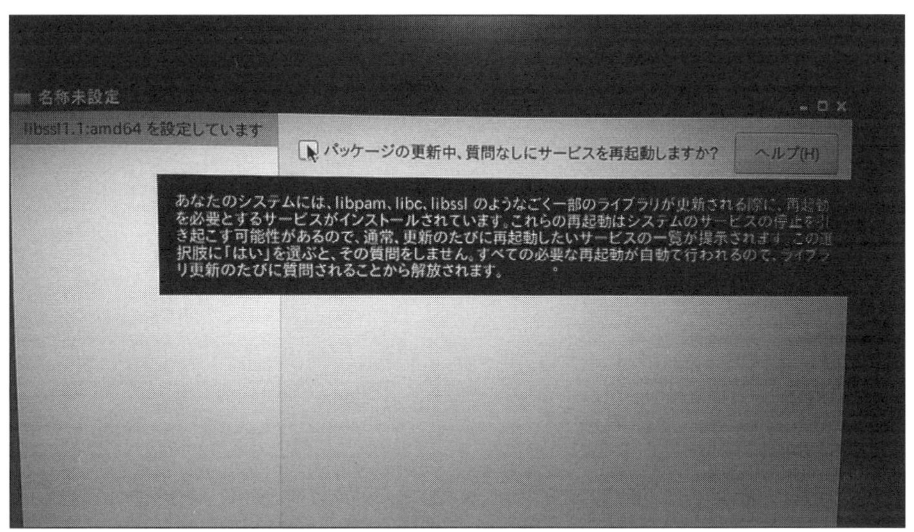

図3-3-46　この先はチェックなしで再起動を繰り返す

チェックを入れて「Next」で大丈夫です。

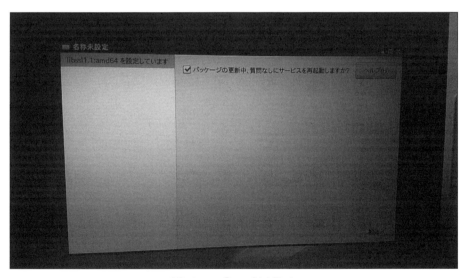

図3-3-47　「Next」をクリック

いろいろ選択肢がありますが、最初に表示されている「パッケージメンテナのバージョンをインストール」でOK。

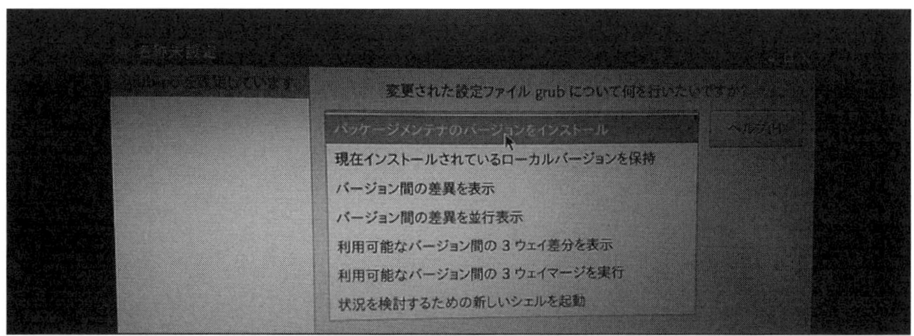

図3-3-48　「Next」をクリック

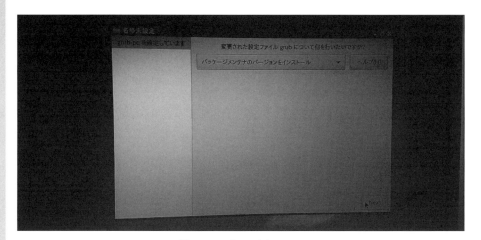

図3-3-49　「Next」をクリック

その後は「選択肢」も表示されず、自動的にインストール作業が進みます。

■アップデート完了

ようやくアップデートが完了です。

「すぐに再起動」をクリックしましょう。これでOSの「インストール」&「アップデート」がすべて完了です。

お疲れ様でした。

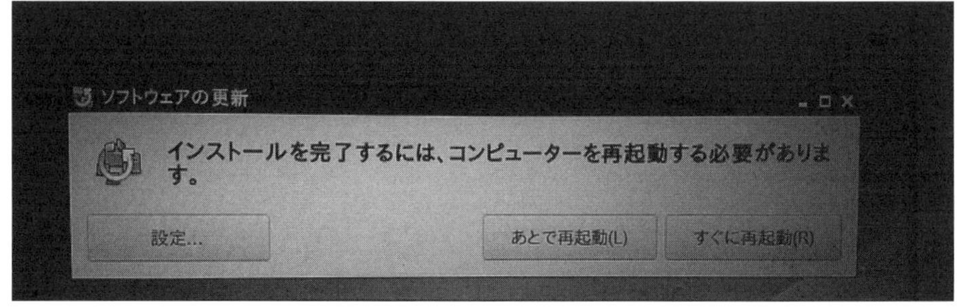

図3-3-50　「すぐに再起動」をクリック

■メモリ使用量を再チェック

再起動後、もう一度「タスクマネージャ」でメモリ使用量を計測してみると…。

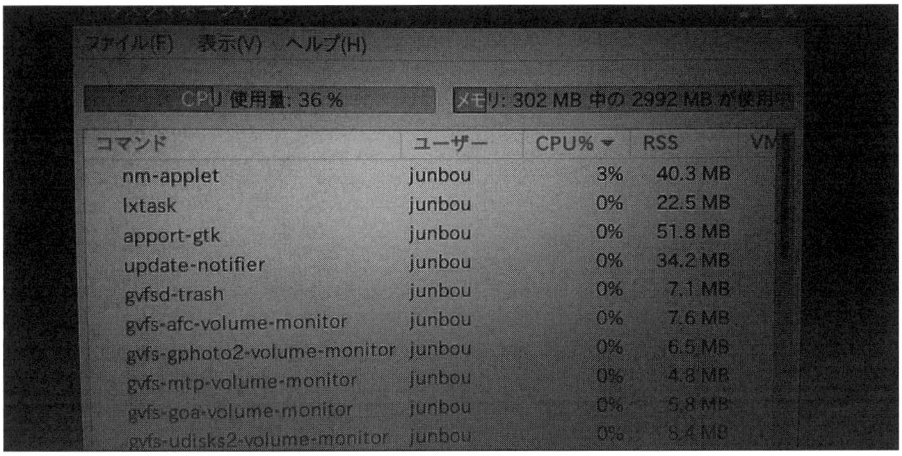

ファイル(F)　表示(V)　ヘルプ(H)

CPU使用量: 36 %　メモリ: 302 MB 中の 2992 MB が使用

コマンド	ユーザー	CPU%	RSS
nm-applet	junbou	3%	40.3 MB
lxtask	junbou	0%	22.5 MB
apport-gtk	junbou	0%	51.8 MB
update-notifier	junbou	0%	34.2 MB
gvfsd-trash	junbou	0%	7.1 MB
gvfs-afc-volume-monitor	junbou	0%	7.6 MB
gvfs-gphoto2-volume-monitor	junbou	0%	6.5 MB
gvfs-mtp-volume-monitor	junbou	0%	4.8 MB
gvfs-goa-volume-monitor	junbou	0%	5.8 MB
gvfs-udisks2-volume-monitor	junbou	0%	8.4 MB

図3-3-51　メモリ使用量を再確認

やっぱりとても軽い！これならサクサク動くので、快適に使えます。

＊

ちなみにWindows10をクリーンインストールした直後のメモリ使用量は、普通に「1.2GB」ほどメモリを使っていました（当然機種によってマチマチですが）。

そう考えると、どれだけ軽いかが分かります。

まとめ

今回は、「Windows7サポート終了」に併せて、Windows7どころかWindows Vistaが導入されていたような古いノートPC、「レッツノートCF-T7」に、まだまだサポート期間がある「Ubuntu18.04」ベースの「LinuxOS」である「Basix4.0」をインストールしてみました。

▼「Windows Vista」は「Windows7」よりも重たいとされていた。そのため、「WindowsVista」が動いていた環境は、「Windows7」が動く環境と考えてもいい。

＊

「レッツノートCF-T7」は、「Windows7」どころか「Windows Vista」や「XP」が動作するくらいの機種ですから、古いPCであっても、Linuxを載せれば、まだまだ活用できるではないかと思います。

皆さんも、頑張ってください！

3-4

「古いパソコン」の「リサイクル」と「処分方法」

長く使ったパソコンとついに別れて新しいパソコンを買ったとき。
物置に歴代のパソコンが溜まっていることに気づいたとき。
この古いパソコンどうしたらいいんだろう……と途方に暮れる方も多いのではないでしょうか。
普通のゴミとして出したらダメっぽいけど、いったいどこに捨てればいいのか。中にあるデータはそのままでいいのか。そもそも捨てるしかないのか。何かの役に立たないか。
そんな疑問に答えます。

著者■(有)エヌシステム
サイト名●「パソコン修理のエヌシステムBLOG」
URL●https://pc-pier.com/blog/2015/06/30/pc-recycle/

■まず「HDD」(SSD)をどうにかする

パソコンを処分するためには、まず「HDD」または「SSD」をどうにかする必要があります。

この部品にはパソコンのデータが保存されているので、万が一にも個人情報が流出したりしないよう、廃棄の際にはできるだけご自分で「HDD」を取り出しておきましょう。

■「HDD」の取り出し方

「ノート・パソコン」と「デスクトップ・パソコン」では大きさが違うことはありますが、基本的に形は一緒です。

こういうのが「HDD」。

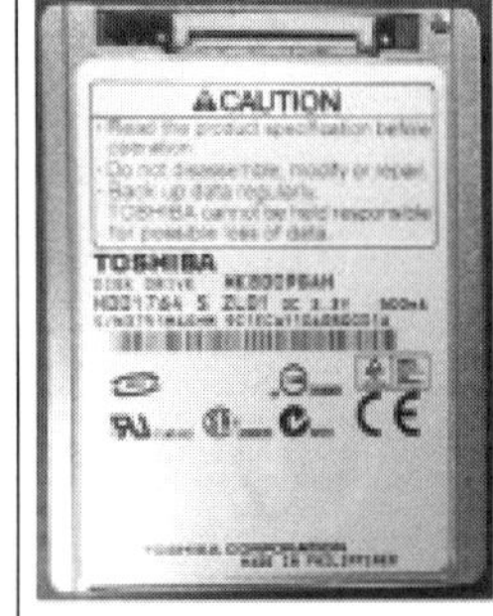

図3-4-1　「HDD」

こういうのが「SSD」です。

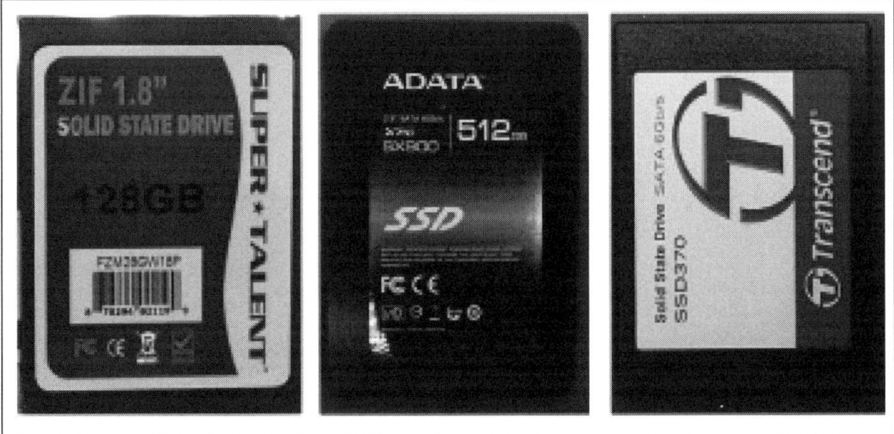

図3-4-2　「SSD」

取り出し方はメーカーの取扱説明書やホームページに載っていることが多いので、使っている機種の取り出し方法を探してみてください。

＊

基本的には、「ノート・パソコン」であれば、底面の一部のネジを外せば「HDD」が露出します。

キーボードを外して分解しないと取り出せないものもあります。

左は底面のカバーを外した「HDD」の状態、右はキーボード側から「HDD」を出した状態です。

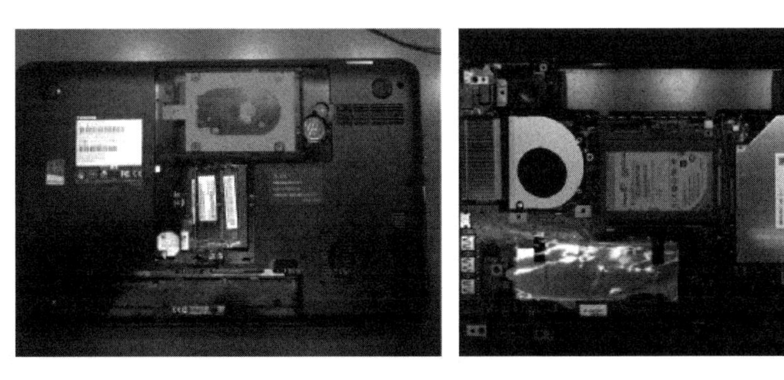

図3-4-3　底面カバーを外した「HDD」(左)、キーボード側から出した「HDD」(右)

「モニター一体型パソコン」なら背面を、「デスクトップ・パソコン」ならケースを開ければ簡単に「HDD」が見えるはずです。

これは「デスクトップ」の外側ケースを外して横から見た状態です。

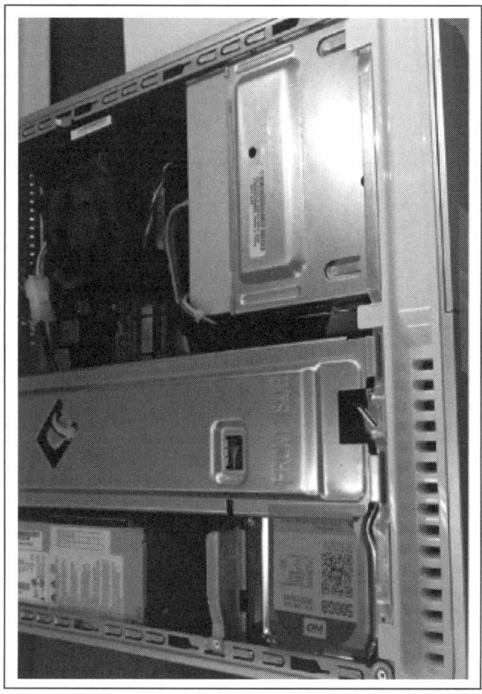

図3-4-4　「デスクトップ・パソコン」の「HDD」

■中のデータを新しいPCで見る

取り出した「HDD」は、別のPCと「USBケーブル」でつなげば中のデータを確認することができます。

大切なお写真や書類が入っている場合は、お手元に大切に置いておきましょう。

「HDD」を接続するためのケーブルは、

(1)IDE/SATA-USB変換ケーブル
(2)USB/SATAアダプタケーブル

といった名称で普通の電器屋さんや「Amazon」などの通販ショップで売っています。

「ノート・パソコン」であれば「2.5インチHDD」が主流で、「デスクトップ・パソコン」であれば「3.0インチHDD」が主に使われています。

「HDD」のインチサイズによって必要ケーブルが変わるので、どのケーブルが合うか分からない場合は取扱説明書で確認するか、お使いのパソコンのメーカーサポートに尋ねてみましょう。

■「HDD」を破壊する

中のデータが不要な場合は、読み込めないくらいに壊してから不燃物として捨てましょう。

引っ付いたら引き剥がすのが困難なくらいの超強力な磁石があれば、それを「HDD」に近づけていただくだけで壊すことができます。

*

また、ドリルで"チュイーン"と穴をいくつか空けると完全に読み込めなくなります。

でも、そんな特殊な「磁石」や「ドリル」はあまりお家にはないと思いますので、金槌などで叩いて力技で壊すのがいちばん簡単ですね。

■業者に依頼する

業務用の重要なデータが入っていた「HDD」の場合、「自分で壊すのも何だか不安だし」ということで、世の中には「HDD」の内部データを完全に消去、もしくは完全に破壊してくれる業者さんもいます。

こういった業者さんなら『ちゃんとデータ消去したよー』という証明書を出してくれたりします。

もちろん有料になりますが、「上司にちゃんと廃棄したよって説明しなきゃいけない」という方にとっては、証明書は便利ですよね。

■メーカーに依頼する

廃棄をメーカーに依頼する場合は、「HDD」についてもあまり心配せずにそのまま渡すだけで済みます。

とは言っても何があるか分からないので、念のためにお手元で「HDD」を抜くか、データの完全消去を行なっていただくのが一番ではあります。

*

たとえば、「NEC」の回収の場合は、以下のように説明されています。

> お客様の大切なデータは、お客様ご自身の責任において管理をお願いします。
>
> 排出するPCのハードディスクのデータはお客様責任にてバックアップをとり、消去してくださいますようお願いします。
>
> 回収後は製品を材料レベルに粉砕し、再資源化を行いますのでデータは最終的には残りません。
>
> ただし、輸送中の不慮の事故などでの漏洩については保障しておりませんのでお客様ご自身にて消去してくださいますよう願いします。

「HDDは再利用しないし、粉々にするからデータ流出したりはしないけど、運んでる途中で悪い人に盗まれたりする可能性もゼロじゃないから、心配なら自分でやっといてね」ということですね。

■リサイクルを考える

動くパソコンなら「中古パソコン」として買い取ってくれるのはもちろん、壊れて動かなくなってしまったパソコンや、古くてもう使わないパソコンでも、PCショップで下取りしてくれたり、オークションで「ジャンクPC」として販売できたりすることがあります。

パソコンは場合によっては捨てるだけでもお金が掛かります。

ちょっと手間はかかりますが、オークションなどでまた誰かに使ってもらえるならリサイクルにもなっていいですよね。

売却以外にも、まだまだ充分に使える状態の場合は「予備機」として置いておくという手もあります。

ただ、使わずに置いていたとしても部品は経年劣化していますし、部品が古いせいで新しいソフトに対応していないこともあります。

多少修理したり、「セキュリティ・ソフト」を新しく入れたりといった費用を考えて、「まだ使う」か、「売却する」か、「廃棄する」かを決めていただくといいと思います。

■オークションに出品する

「Yahoo!オークション」や「楽天オークション」を使われたことがある方はご存知かもしれませんが、手順としては、商品の説明文や状態写真を登録し、誰かが入札してくれるのを待つ形になります。

無事、落札されたら、相手の方とやり取りして、支払いの確認や発送を行ないます。

*

「ジャンク品」として出品する場合は「ジャンク」であることを説明文に明記しなければなりません。

「ジャンク」とは、「消耗している」もしくは「故障している」状態で、通常の動作状態を保証できないものを指します。

『このパソコンはジャンク品ですので、通常のパソコンとしての使用はできません』

『一切の動作保証や部品保証はいたしません』

といった説明を記載しておくことによって「分解して部品を取るからジャンク品でOK」という方が、すべてを了承の上で入札してくれます。

ですので、取引が終わった後で「すぐに動かなくなった！！」といったクレームがくるのを防ぐことができます。

パソコンは、部品を取り出して使うために安価な「ジャンク品」を探している個人や業者も結構いるので、普通の機器よりも落札してもらえる可能性は高いと思います。

*

特に、普通ならこんな古過ぎる機種は売れないよね……と皆さんが思うような機種であっても、

「思い入れがあるこの機種を死ぬまで使い続けたいんだ！」
「業務上どうしてもこのPCとフロッピーに動いてもらわないと困るんだ！」
「こいつが壊れたら工場ラインが止まる……！」

そんな方が旧型のPC部品を今も探し続けていることがあるのです。

そういった方に再利用して役立てていただけるならちょっと嬉しいですよね。

*

ただ、どんな機種であっても確実に落札してもらえる保証はありません。

もしかしたらずっと落札されず、手間や出品手数料が無駄になってしまう可能性もあります。

オークションで同じ機種が出ている場合は相場の価格を見て、ちょうど良い加減の価格設定にしてみるといいでしょう

中には1円スタートや100円スタートで送料別にしておいて、「もし1円で落札されたとしても、引き取ってもらえるならそれだけでいいや」という方もいます。

■買い取りに出してみる

だいたいのパソコンショップや修理業者では中古パソコンの買い取りを行なっています。

もちろん「パソコン修理のエヌシステム」でも買い取りをさせていただいています。

たとえば、弊社に買い取りご依頼をいただいたら、まずお電話やメールで「パソコンの型番」、「状態」(起動するか、破損箇所が無いか)、「付属品の有無」などをお知らせいただいて、概算の買い取り金額をお知らせします。

金額にご納得いただけた場合は、「パソコン修理のエヌシステム」にパソコンや付属品をお送りいただいて、事前の買い取り金額と同じであれば、そのままお客様の銀行口座に振り込みさせていただきます。

事前にお伝えした金額から変更があった場合には改めて金額をお伝えして買い取りさせていただくかどうか、ご希望をお伺いいたします。

＊

また、破損や汚れが酷く値段が付かないパソコンの場合、お客様からご了承をいただければ、そのままお手元にお返しせず完全に分解します。

そして「HDD」(データが保存されている部品)を完全に壊してから、部品利用させていただくか、廃棄させていただくこともあります。

ただ捨てるのももったいない、かといって自分でオークションに出したりするのも面倒、というときには、買い取り依頼もご検討ください。

■パソコンを廃棄する

「売るのも面倒だし、置いておいても使わないだろうからもう捨ててしまおう」という場合、不燃物や粗大ゴミの日にそのまま出してはいけません。

出しても回収してくれません。

●無料で廃棄できる場合

2003年に「改正資源有効利用促進法」(通称：パソコンリサイクル法)が施行されました。

この法律により、パソコン販売メーカーには家庭向けに販売された「パソコン」や「モニタ」を回収、リサイクルすることが義務付けられています。

そのための費用は機器代金にあらかじめ含まれています。

また、この法律によりメーカー以外の地方自治体などがPCを回収、処分することは禁止されています。

＊

「パソコンリサイクル法」ができた後に販売された機器には「PCリサイクルマーク」のシールが付いていて、メーカーに依頼すれば無料で回収、処分してもらうことができます。

図3-4-5　「PCリサイクルマーク」

「ノート・パソコン」であれば、基本的に本体底面の製品型番シールのあたりに「リサイクルマーク」があります。

図3-4-6 「リサイクルマーク」の場所(「ノートパソコン」の場合)

「DELL」の「デスクトップ」だと本体の上面に「リサイクル・シール」が貼られていることもあります。

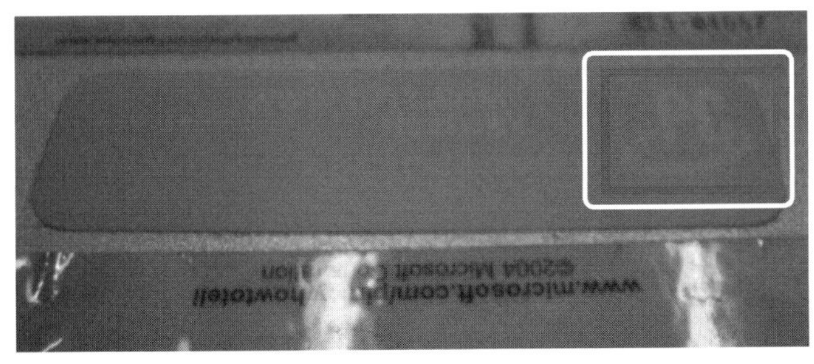

図3-4-7 「リサイクルマーク」の場所(「デスクトップパソコン」の場合)

回収依頼手順や注意事項はそれぞれのメーカー窓口へ問い合わせてみてください。

●廃棄にお金が掛かる場合

「パソコンリサイクル法」ができる前に販売された機器には「PCリサイクルマーク」がありません。

自分で処分をしないといけないので、お住まいの地域やお使いのパソコンのメーカーによって、いちばんお金の掛からない方法を探してみましょう。

●メーカーに処分料（送料など）を払って依頼する

いちばんお金がかかる気がしますが、「HDD」の処分などもあわせていちばん確実で安心な方法だと思います。

メーカーごとの問い合わせ先と回収料金を見て、回収依頼方法を確認してください。

●一般の業者に回収を依頼する

部品の再利用などを条件に無料で回収してくれる業者がいます。

あわせて「HDD」のデータ消去の証明書を出してくれるところもあります。

索　引

索引

数字・記号順

アルファベット順

50音順

[記事データ]

サイト名：「所長ブログ」
著者：(株) スマイルモーション
http://www.smilemotion.co.jp/s-blog/所長ブログ/

サイト名：「パソコン修理のエヌシステム BLOG」
著者：(有) エヌシステム
https://pc-pier.com/blog/

サイト名：「mds tech blog」
著者：(株) 松浦電弘社
https://tech.m-denkosha.co.jp/

サイト名：「ノウハウ blog」
著者：工数管理システム「イノピーエム」
https://www.innopm.com/blog/

サイト名：「SE パパの Useful Info ログ」
著者：えいじまん
https://eijiman.com/windows10-pc-replaced-data-migration/

サイト名：「プロ友パソコン相談室」
著者：パソコンお助けマン
https://sukettopc.exblog.jp/

サイト名：「hone. のたま〜に戯言」
著者：hone.
https://blog.goo.ne.jp/psyna_hone/e/e0c6aea70d2e7365465b7cd5717b117d

サイト名：「処分か？再生か？パソコン・スマホの格安運用法！」
著者：じゅんぼう
https://lifeisbeatfull.com/

質問に関して

本書の内容に関するご質問は、

①返信用の切手を同封した手紙
②往復はがき
③ FAX (03) 5269-6031
（ご自宅の FAX 番号を明記してください）
④ E-mail editors@kohgakusha.co.jp

のいずれかで、工学社編集部宛にお願いします。電話によるお問い合わせはご遠慮ください。

サポートページは下記にあります。
[工学社サイト] http://www.kohgakusha.co.jp/

I/O BOOKS

[Windows7] PC の使い方

2020 年 3 月 1 日　初版発行　

編　集	I/O 編集部
発行人	星　正明
発行所	株式会社工学社
	〒 160-0004 東京都新宿区四谷 4-28-20　2F
電話	(03) 5269-2041 (代) [営業]
	(03) 5269-6041 (代) [編集]
振替口座	00150-6-22510

※定価はカバーに表示してあります。

[印刷] シナノ印刷 (株)　ISBN978-4-7775-2100-5